Uwe Böschemeyer

Vertrau der Liebe, die dich trägt

Uwe Böschemeyer

Vertrau der Liebe, die dich trägt

Von der Heilkraft biblischer Bilder

Kösel

FSC

Mix

Produktgruppe aus vorbildlich bewirtschafteten Wäldern und anderen kontrollierten Herkünften

Verlagsgruppe Random House FSC-DEU-0100
Das für dieses Buch verwendete FSC-zertifizierte Papier
Munken Premium liefert Arctic Paper Munkedals AB, Schweden.

Umschlag: Elisabeth Petersen, München
Umschlagmotiv: Nonstock/Mauritius Images
Druck und Bindung: GGP Media GmbH, Pößneck
Printed in Germany
ISBN: 978-3-466-36821-1

Weitere Informationen zu diesem Buch und zu unserem gesamten lieferbaren Programm finden Sie unter www.koesel.de

Inhalt

Einführung

Ich habe Theologie studiert. Ich würde immer wieder Theologie studieren, weil ich vieles lernen konnte, was meinen Geist weitete. Doch was ich suchte, fand ich in diesem Studium kaum. Was ich suchte? Die Gewissheit, dass Gott da ist, und sein fühlbares Ja zu mir, zur Welt, zum Leben. Ich suchte den Weg, der vom Wissen zur existenziellen Erfahrung führt. Und warum fand ich ihn nicht?

Zu großen Teilen lag es an der Sprache, die ich in den Hörsälen vernahm und bald auch selber zu sprechen begann. Welche Sprache ich meine? Die *objektivierende, instrumentelle,* die primär linear, rational, logisch, gedanklich, analytisch, detaillierend, trennend, zeitorientiert und abstrakt ist. Und welche hätte ich mir gewünscht? Die *personale, mediale,* die primär komplex, ganzheitlich, gefühlvoll, visuell-räumlich, intuitiv, zeitlos, bild- und symbolhaft ist. Ob allein diese Sprache mich zufriedengestellt hätte? Aus heutiger Sicht gewiss nicht. Denn beide Sprachformen haben ihr Recht und ihre Notwendigkeit, weil nur im Zusammenspiel die Wirklichkeit in ihren Polaritäten zum Ausdruck gebracht werden kann.

Was ich im Studium suchte, war eine Lebensveränderung durch eine ganzheitlich fühlbare Beziehung zu Gott. Doch wie kann eine Lebensveränderung überhaupt zustande kommen? Dadurch, dass sich ein Mensch von einer Einsicht betroffen fühlt und Gedanke *und* Gefühl ihn berühren, dadurch, dass beide Hirnhälften ausgewogen miteinander korrespondieren. Denn wenn ein Gedanke gefühllos bleibt, dringt er nicht zur gefühlvollen Wurzel des Wortes vor. Bleibt ein Gefühl gedankenlos, dringt es nicht zur Klarheit des Bewusstseins vor. Beides also, die Klarheit des Bewusstseins und das Betroffensein von der gefühlvollen Wurzel eines Wortes, sind Voraussetzung dafür, eine Lebensveränderung erfahren zu können.

Medien der existenziellen Umstellung sind das Wort und das Bild. Das Wort ist das Symbol des Gefühls, das Gefühl das Innere des Wortes. Es geht also darum, dass ein Mensch, der sich existenziell verändern will, im Wort von dessen Wurzel, dem Bild, berührt wird *und* im Bild das Wort findet, das dem Bewusstsein Klarheit verschafft.

Inzwischen sind über vierzig Jahre seit dem Abschluss des Studiums vergangen. Und schon lange arbeite ich nicht mehr als Theologe, sondern als Psychotherapeut und Mentor für Persönlichkeitsbildung.[1] Doch die Frage nach der Brücke zwischen Wissen und Gewissheit ließ mich auch in meinem zweiten Beruf nicht los, nun allerdings ging es nicht mehr um die Brücke zwischen theologischem Wissen und existenzieller Aneignung, sondern zwischen *psychologischem* Wissen und existenzieller Aneignung.

Was ich damals suchte und nicht fand, ist das, was heute »Erfahrungstheologie« genannt wird. Gemeint ist damit die Versöhnung zwischen Theologie und Religion, also zwischen theologischer Reflexion und religiöser Erfahrung. Denn, so sagt es der Theologe und Publizist Heinz Zahrnt: »Die Religion ist nicht eine Tochter der Theologie, vielmehr die Theologie eine Dienerin der Religion. Und sie ist dies nicht, indem sie der Religion mit der Fackel vorausleuchtet, sondern indem sie ihr die Schleppe nachträgt. Das Erste ist die religiöse Erfahrung, das Zweite die theologische Reflexion, und die theologische Reflexion verhält sich zur religiösen Erfahrung wie die Landkarte zur Landschaft.«[2] Woraus speist sich eine Erfahrungstheologie? Aus zwei Quellen: aus den biblischen Schriften und aus dem »Kontext der Welt«. »Zwischen diesen beiden Polen«, so Zahrnt, »schwingt die Erfahrungstheologie ständig hin und her; dabei bildet die Bibel den Grund, die Situation den Horizont der Gotteserfahrung«.[3]

Vor etwa achtzehn Jahren hörte ich das Wort »Imagination«. Ich wusste lediglich, dass es lateinisch mit »Bild« übersetzt wird und eine von C.G. Jung entwickelte psychotherapeutische Methode ist. Ich erlaubte mir, zunächst auf Lesestoff zum Thema Imagination zu verzichten,[4] und begann mithilfe eines mir bekannten tapferen Arztes zu experimentieren (was ihm selbstverständlich bekannt war). Im Lauf der Zeit entwickelte sich daraus die Wertimagination. Um es gleich vorweg zu sagen: Es gibt nichts Aufregenderes, als in der inneren Welt jene »Bilder« wahrzunehmen, die für die Erfahrung des eigenen Lebens und des Lebens überhaupt wesentlich bestimmend sind. Und ich vermute, dass Wertimaginationen zu biblischen Texten kein geringer Beitrag zur Vertiefung der Praxis einer Erfahrungstheologie sein könnten, vor allem aber zur *persönlichen* Vertiefung der Beziehung zu Gott.

Nun möchte ich Sie zunächst, wenngleich in aller Kürze, mit den Grundlagen der Wertimagination bekannt machen, weil nur so die biblisch orientierten Wertimaginationen verständlich werden. Danach liegt mir daran, Ihnen meine »Theologie von innen« nahezubringen – so nenne ich in aller Stille die Grundlagen dieser Imaginationsform. Um auf die für manche Leser gewiss ungewöhnlichen Imaginationen vorzubereiten, lasse ich dann einige Teilnehmer der Sitzungen zu Worte kommen. Im dritten, dem Hauptteil, mache ich Sie mit der konkreten Arbeit bekannt, also mit biblischen Texten, die sich Teilnehmer unterschiedlicher sozialer und geistiger Herkunft in jeweils halbstündigen Wertimaginationen erschlossen haben. Die Texte selbst – sie begleiten mich persönlich seit mehreren Jahrzehnten – sind ohne Ausnahme Ausdruck der dem Verstand nur schwer nachvollziehbaren »Rede« Gottes, dass die Welt und ihre Menschen Grund haben zu einem freudvollen, starken, vor allem aber versöhnten Leben. Im letzten Teil werde ich die mir besonders wichtigen Erfahrungen zusammenfassen.

Zum Schluss: Auf vielen Seiten dieses Buches ist von »er« und »ihm« die Rede. Natürlich meine ich damit den Menschen, die Frau und den Mann.

Uwe Böschemeyer

Was sind Wertimaginationen?

1. Alle Imaginationen basieren »auf der assoziativen, sprachlich-dialogischen Tätigkeit unseres Denkens, die ständig in uns abläuft«.[5] Das bedeutet: Im Unbewussten findet ein ständiges Gespräch statt, kein abstraktes, sondern ein bildhaftes. Das hat zur Folge, dass wir, wenn wir uns den inneren Bildern annähern, jene seelischen Prozesse wahrnehmen, die in uns ablaufen. Nicht nur das: Die Wahrnehmung, Deutung und Auseinandersetzung mit ihnen verschafft uns die Möglichkeit, auf die Bilder so Einfluss zu nehmen, wie es weder im Traum noch im Gespräch auf der Bewusstseinsebene möglich ist. Und wenn wir auf sie Einfluss nehmen, beeinflussen wir nicht nur »bloße« Gefühle, sondern auch die *Gefühlskräfte,* die durch die Bilder symbolisiert werden. Die Bilder sind, so könnte man sagen, die »Gesichter« der Gefühle und der Gefühlskräfte.

2. Das Unbewusste ist alles andere als eine nur chaotische, furchterregende Welt. Das kann sie auch sein, jedenfalls dann, wenn wir uns ohne einen kundigen Begleiter auf den dunklen Bereich des Unbewussten einlassen. Der Bereich des »geistig Unbewussten« jedoch – Viktor Frankl prägte diesen Begriff – ist anderer Art:

   Unbewusster Geist meint das jedem Menschen potenziell zugängliche Wissen von den großen und kleinen Zusammenhängen des eigenen Lebens und des Lebens überhaupt. Darüber hinaus stellt er das stärkste Energiezentrum dar, zu dem wir Zugang haben können.

   Unbewusster Geist – das ist unbewusste Freiheit, Verantwortlichkeit, Liebe, Hoffnung, das ist unbewusster Mut, Intuition, Gewissen, das Ästhetische, das Künstlerische, das sind unbewusste Wertgefühle, das ist unbewusster Sinn, unbewusste Religiosität etc. Er ist das Land des inneren Friedens, der inneren Einheit, ein Land der Wärme und Geborgenheit.

Unbewusster Geist – das ist die schöpferische, gestaltende, sinnstiftende Kraft, von deren Wirksamkeit primär abhängt, in welcher Weise der ganze Mensch existiert. Und in dem Maße, in dem er Zugang zum unbewussten Geist findet, findet ein Mensch die ihm entsprechenden Werte, findet er sich selbst, findet er Sinn, findet er auch die Kraft, ihn zu leben.

Unbewusster Geist – das ist die Basis des bewussten Geistes, mehr als das: Er ist die Basis menschlichen Daseins überhaupt. Er ist der Dreh- und Angelpunkt unseres Menschenbildes. Er ist die »Mitte« der Seele. Er ist zugleich der Grund, die Mitte und das Ziel der Wertimagination.

Der unbewusste Geist stellt keine für sich bestehende Wirklichkeit dar, weil menschlicher Geist und göttlicher Geist untrennbar im Menschen verbunden sind. Daher finden wir ihn in uns vor, aber *er geht nicht in uns auf.* Er ist immanent erfahrbar, doch behält er seinen transzendenten Charakter. Wir können ihn erleben, aber nicht erfassen. Er ist weit »mehr«, als wir begreifen können.

Wahrscheinlich ist über kein menschliches Phänomen so viel nachgedacht, gesprochen, geschrieben und diskutiert worden wie über das Phänomen »Geist«. Wie viel anders stellt er sich allerdings aus der Sicht des unbewussten Geistes dar, also nicht »von oben«, aus dem Bereich des Verstandes, sondern »von unten«, aus der Sicht der inneren Welt!

3. Wertimaginationen – sie dauern in der Regel dreißig Minuten und werden von einem Therapeuten oder Mentor für Persönlichkeitsbildung begleitet – sind bewusste, zielorientierte »Wanderungen« zum unbewussten Geist. Sie finden sowohl in Einzel- als auch in Gruppensitzungen statt.

4. Entscheidend sind nicht die vom Bewusstsein vorgestellten oder eingebildeten, sondern die vom unbewussten Geist *ausgebildeten* Bilder, und gerade darin liegt ihr besonderer Wert. Denn jede neue Erfahrung eines bislang nicht oder nicht hinreichend gelebten unbewussten Inhalts bedeutet einen Zuwachs an Identität und damit neue Sinnerfahrung. Die ausgebildeten Bilder werden nicht gemacht, sondern *erwartet.* Sie erscheinen dem Imaginanden plastisch, dreidimensional, unmittelbar.

   Was sind innere Bilder? Von ihnen sagt Jörg Zink treffend: »Das ›Bild‹ ist überall, wo wir über die Welt unserer Sinne und unseres schmalen Verstandes hinausdenken, die Weise, in der uns Wahrheit begegnen kann, und die Weise, wie wir die geschaute und geahnte Wahrheit einander zeigen können.«[6] Die Bilder, von denen in diesem Buch die Rede ist, nennen wir Symbole. Ein Symbol ist ein Sinnbild mit komplexer Bedeutung, ein Zusammenspiel von inneren und äußeren Erfahrungen. Symbole liegen außerhalb des Herrschaftsbereiches der Vernunft und können daher nicht von einem logischen Konzept erfasst werden.

5. Zentrum der Wertimaginationen ist die Beziehung zu den hilfreichen männlichen und weiblichen Gestalten, die die Selbst- und Sinnverwirklichung fördern. Ich nenne sie »Wertgestalten«. Ich verstehe sie als personi-

fizierte Aspekte des unbewussten Geistes, also als Gestalt gewordene Werte, die im unbewussten Geist ihren Grund haben. Sie sind uns zugehörig, aber sie gehören uns nicht.[7] Sie sind dem Spannungsfeld der Polarität enthoben und können daher als Personifizierungen des Geistes nicht erkranken. Und darin liegt ihre außerordentliche Kraft! Erscheinen sie doch einmal ambivalent, liegt eine Projektion des Imaginanden auf die Wertgestalt vor.

Das Unbewusste hat also nicht nur die Tendenz, sich in allgemeinen Bildern zu zeigen, sondern auch in personifizierten Symbolen. So gibt es nicht nur Symbole zum Beispiel für Freiheit, Liebe, Verantwortung, Lebensbejahung, für die Selbstheilungskräfte oder die Lebenskunst, sondern auch für die Freien, die Liebenden, die Verantwortlichen, die Lebensbejaher (ich nenne sie die Inneren Verbündeten), die Inneren Ärzte, die Lebenskünstler. Und gerade die Begegnung mit diesen lebendigen Vertretern der inneren Welt ist für die Erkenntnis und Aneignung der verborgenen Lebenskräfte und damit für die Weiterbildung der Persönlichkeit von besonderer Bedeutung. Darüber hinaus führen sie uns in Tiefen, in die wir mit dem Verstand niemals vordringen könnten. Die Begegnung mit den Wertgestalten bewirkt eine höchstmögliche kognitive, emotionale und energetische Annäherung an die erwarteten Ziele.

Weil sich jede menschliche Eigenschaft personifiziert zeigen kann, gibt es selbstverständlich auch Gestalten mit destruktivem Charakter, zum Beispiel den Lebensverneiner (ich nenne ihn den Inneren Gegenspieler), den Ungeduldigen, den Unwahrhaftigen oder den Maßlosen. Doch davon soll in diesem Buch nicht die Rede sein.

Die Wertimagination ist keine Technik. Auch der Begriff »Methode« trifft nicht ausreichend das, worum es hier geht. Die Wertimagination öffnet dem Imaginanden jenen Bereich, in dem Werte und Sinn verwurzelt sind und der »Grund des Seins« (Meister Eckart) sichtbar wird. Und wer ihm begegnet, erfährt, dass dieser Grund kein unpersönlicher ist.

6. »Methodisch« gilt für Wertimaginationen generell:

Nur wer bereit ist, alle Tagesgedanken loszulassen, sich auf den unbewussten Geist einzulassen, sich ihm anzuvertrauen, wird die Zugänge zu ihm finden. Die einzelnen Schritte sind folgende:

- die Verabredung des Zieles,
- eine Entspannungsphase von ca. drei Minuten,
- die Einstellung auf ein Eingangssymbol, etwa auf den inneren Garten oder den Lebensbaum,
- die Erwartung einer oder mehrerer Wertgestalten (wenn potenzierte Kräfte erforderlich sind).
- Die sich zeigenden Widerstände werden in aller Regel auf dem Weg zum Ziel bearbeitet. Erweisen sie sich als zu stark, ist eine separate imaginative Arbeit – stets in Begleitung einer der Situation entsprechenden Wertgestalt – erforderlich. Dabei gilt: Wir leugnen nicht die Sümpfe, aber wir gehen nicht in sie hinein.
- Jede Wertimagination bedarf eines ausführlichen Nachgesprächs.

7. Anwendungsgebiete

Die Wertimagination kann sowohl als eigene Therapieform oder integraler Bestandteil psychotherapeutischer Systeme verstanden werden als auch als integraler

Bestandteil der »Wertorientierten Persönlichkeitsbildung«.

Angezeigt ist sie generell dann, wenn ein Patient/Klient nicht hinreichend fühlt, was er denkt, und das Denken nicht jene Bereiche berührt, die für die Überwindung von Störungen oder die Weiterbildung der Persönlichkeit erforderlich sind. Die Wertimagination ist also angezeigt

- bei Menschen, die ihre Persönlichkeit weiterbilden wollen,
- bei Menschen mit psychischen und psychosomatischen Störungen,
- bei Menschen mit Beziehungs-, besonders Paarproblemen,
- bei Menschen mit irreversiblem Schicksal,
- bei Menschen, die die »Dimension der Tiefe« suchen.[8]

Ein Beispiel aus dem Bereich der Wertorientierten Persönlichkeitsbildung, das zugleich zu unserem spirituellen Thema hinführt: Eine Wertimaginationsgruppe nahm sich vor, den Inneren Revolutionär aufzusuchen und sich von ihm dorthin führen zu lassen, wovon er meinte, das sei ein wichtiger »Ort«. Die nun folgende innere Wanderung erlebte eine Frau, die von »der« Kirche sehr enttäuscht worden und nach ihren eigenen Aussagen durch die wertimaginative Arbeit zu neuer Spiritualität gelangt war. Ihre Wertimagination:

Kurz nach Beginn meiner inneren Wanderung »weiß« ich,[9] dass ich auf dem heiligen Berg Sinai stehe. Doch ratlose Verwirrung und Schrecken erfüllen mich, denn der Ort, den ich vorfinde, ist grauenvoll zerstört. Der einst strahlende Berg wurde seines majestätischen Gipfels beraubt und über seine Flanken fließt zäh schwarz geronnenes Blut.

Da fährt ohne Vorwarnung eine Krallenhand von oben auf mich nieder. Sie ist mit einem verletzenden Gegenstand bewaffnet. Es dauert lange, ehe ich erkenne, dass es eine schwarze, steinerne Gebotstafel ist.

Eine kreischende Stimme verliest, was auf ihr geschrieben steht: »Du sollst ...! Du musst ...! Du bist verantwortlich für ...! Tu das ...! Du hast kein Recht auf ...! Du bist schlecht, wenn du nicht ...! Du machst dich schuldig ...!«

Jeder Satz wird von einem brutalen Schlag auf meinen Kopf begleitet und ich werde mit jeder Anklage Stück für Stück in den Boden gerammt. Komme ich einer Verpflichtung nicht nach, zerkratzt mir die Krallenhand mein Herz. Starke Schmerzen setzen ein und aus der Verwundung strömt Blut. Mit Entsetzen verstehe ich erst jetzt: Es ist mein Blut, das sich über den Berg ergießt! Ich spüre meine Kräfte schwinden.

Der »Schuldigsprecher« grölt weiter auf mich ein: »Wenn du deiner Verantwortung nicht nachkommst, das Leid der Welt zu mindern, obwohl du es siehst, machst du dich schuldig wie der Verursacher selbst!« Seltsam: Ich glaube seinen Worten ohne jeden Zweifel, weil ich es genau so empfinde. Und deshalb schaffe ich es nicht, mich dieser Macht zu entziehen.

Ungerufen ist nun der Innere Revolutionär an meiner Seite. Ich kenne ihn sehr gut, es ist der vom Kreuz befreite Christus. Noch nie habe ich ihn von so ungeheurem Zorn erfüllt erlebt! Er schleudert die schwarze Gebotstafel in den Abgrund und sie zerbirst.

Dann überreicht er mir eine weiße Tafel, auf der eingemeißelt zu lesen steht: »Du darfst ...! Du kannst ...! Nicht schuldig ...!« In meiner Hand wandelt sich die weiße Tafel zu einer weißen Fahne. Es ist die Fahne der Freiheit, und sie verleiht mir die notwendige Kraft, den zerstörerischen Ort zu verlassen.

Mein Revolutionär führt mich gemeinsam mit meiner Inneren Verantwortlichen zu einem mir vertrauten Tempel. Ich soll dort Einkehr halten, um mich zu erinnern, was ich an diesem Ort erfahren habe: Ich darf das zu Schwere abgeben. Das Zuviel hat im Tempel seinen Platz.

Ich darf »Nein« sagen. Ich muss nicht für alles verantwortlich sein. Ich muss nicht das Los und das Elend der Welt tragen. Ich darf mich abgrenzen.

Als ich durch die Augen des Revolutionärs auf einen aktuellen familiären Konflikt mit ungerechtfertigten Vorwürfen schaue,[10] gewinne ich wieder Klarheit, wo meine Verantwortung aufhört und wo Selbstbewahrung wichtiger wäre. Da höre ich meine Verantwortliche sagen: »Erkenne falsche Ansprüche und Anklagen und hüte dich vor ihnen. Befreie dich von ihnen. Vertraue deinem Urteilsvermögen.«

Es ist gut, dass ich an diesen Ort zurückgeführt wurde, denn ich hatte ihn durch meinen Inneren Ankläger aus dem Blick verloren! So fühle ich mich wieder stark und klar und weiß, was ich zu tun habe und was zu lassen! »Mein Berg« steht wieder unversehrt in seiner leuchtenden Unerschütterlichkeit da.

»Theologie von innen«

Im Laufe meiner Wertimaginationsarbeit fiel mir auf, dass in dem Maße, in dem die Imaginanden in tiefere Schichten der Seele gelangten, sich immer wieder Bilder zeigten, die sie selbst als spirituelle Symbole empfanden und deuteten. Dabei handelte es sich um Symbole sowohl aus christlich-abendländischer Tradition (etwa Kreuz, Madonna, Christusgestalt) als auch um allgemein spirituelle (etwa Lichtwesen, Engel, zwei große, tragende Hände). Symbole dieser Art hatten weder meine Klienten noch ich selbst gesucht! Bei manchen lösten sie sogar Ablehnung und Ärger aus. Schon gar nicht hatte ich beabsichtigt, einen neuen Zugang zu mystischen Erfahrungen zu suchen, lag mir doch daran, als Psychotherapeut weltanschaulich offen zu bleiben.

Merkwürdigerweise begegneten jedoch auch solche Klienten spirituellen Bildern, die ihrer eigenen Aussage nach nichts oder kaum etwas mit Kirche, Theologie oder Religion zu tun hatten. Und seltsamerweise machten beide Gruppen, die »Spirituellen« wie die »Nichtspirituellen«, die gleichen tiefen und überwältigenden Erfahrungen.

Zunächst begegneten wir spirituellen Symbolen eher »zufällig«. Später suchten wir bewusst jene inneren »Orte« auf, an denen sich aller Erfahrung nach spirituelle Bilder am ehesten zeigen. So »wanderten« wir zum Beispiel zur Quelle des Atems – zur Geborgenheit – zur Güte – zum Ort des Geliebtwerdens – zum Innersten – zu den »guten Mächten« – zur Hauptsache – zum Grund des Seins.

Irgendwann kam mir die Idee, nicht nur Begriffe, sondern auch gehaltvolle Sätze, etwa philosophische oder biblische Geschichten und Worte aus dem Souterrain des

Geistes anschauen zu lassen. Was ich dann bei Wertimaginationen zu biblischen Texten erlebte, war für mich überwältigend, weil diese imaginativen »Exegesen« in Tiefen führten, von denen ich nicht einmal zu träumen gewagt hatte. Es ist ja ein Unterschied, ob ich die Glasfenster der Kathedrale von Chartres von außen oder von innen anschaue. Es ist ein Unterschied, ob ich ein Konzert vor dem Fernseher erlebe oder im Konzertsaal selbst. Und sicher ist es ein Unterschied, ob ich von der Empore meines Bewusstseins einen Text lese oder mich »unter« den Text begebe, ihn also aus der »Dimension der Tiefe« (P. Tillich) anschaue.

Das bedeutet selbstverständlich nicht, dass die bewusste Auseinandersetzung mit biblischen Texten überholt sei. Wohl aber geht es dabei nach meinen bisherigen Erkenntnissen nicht nur um eine sehr persönliche und eigenständige Begegnung mit den Worten der Bibel, sondern auch und vor allem um eine Vertiefung spiritueller Erfahrung.

So wichtig es ist, einen Text zu lesen und über ihn nachzudenken, so wichtig es sein mag, dass ein Text historisch-kritisch ausgelegt wird, wichtiger scheint mir, dass die Leser oder Hörer biblischer Worte Gründe finden, Gott *lieben* zu können, sich von ihm geliebt zu fühlen und daraus den Grund für ein gelingendes Leben zu finden. Zu lange war für die Theologie und viele ihrer Vertreter, so scheint es jedenfalls, die gedankliche Auseinandersetzung mit biblischen Texten wichtiger als die Frage, auf welche Weise Menschen existenziell berührt werden könnten. Doch gerade für Menschen unserer Zeit, von denen viele unter metaphysischer Heimatlosigkeit leiden, ist das existenzielle, das heißt ganzheitliche Berührtwerden durch Worte eine, wenn nicht *die* Bedingung, das eigene Leben wie das Leben überhaupt bejahen zu können. Und wahrscheinlich hängt von dieser Art des Berührtwerdens sogar ab, wie die Zukunft des Christentums aussehen wird.

Um das innere Berührtwerden vom biblischen Wort ging es bereits dem Vater der abendländischen Mystik, Augustin: »Die Darstellung der Wahrheit durch Symbole hat eine große Kraft; denn wenn die Dinge so dargestellt werden, bewegen und entflammen sie unser Gemüt viel stärker, als wenn sie in bloße Aussagesätze gefasst (...) wären. Warum das so ist, ist schwer zu sagen; aber es ist eine Tatsache, dass alles, was wir durch Allegorien oder Symbole lernen, uns stärker bewegt und erfreut und uns viel wichtiger ist, als wenn es in eindeutig verständlichen Formulierungen ausgedrückt wäre.«[11]

Um das innere Berührtsein ging es auch C.G. Jung, als er sagte, das Christentum sei keineswegs am Ende, weil das christliche Symbol etwas Lebendiges sei, das in sich die Samen der Weiterentwicklung trage. Es könne sich weiterentwickeln, wenn wir uns entschlössen, erneut, und diesmal gründlicher, über die christlichen Grundlagen zu meditieren.

Ähnliches äußerte Manès Sperber, Mitarbeiter Alfred Adlers und Autor der großen Roman-Trilogie »Wie eine Träne im Ozean«, als er sinngemäß sagte, man könne eine Mitteilung wörtlich nehmen. Man könne jedoch einem Satz, zum Beispiel einem biblischen, auch anders begegnen. Denn hinter ihm stehe eine zusätzliche Dimension des Seins, unabhängig von uns. Sie beginne für uns da zu sein, wenn wir sie erfasst hätten, wenn wir von ihr erfasst worden seien. Und dieses *Erfasstwerden und Ergriffensein* durch biblische Texte kann auch in Wertimaginationen in besonderer Weise erlebt werden.

Eine Erfahrungstheologie, wie ich sie sehe, ist also eine »Theologie von innen« – eine Ergänzung und Vertiefung einer Theologie, die dem Kopf zu viel und der »Weisheit des Herzens« (B. Pascal) zu wenig zutraut. So könnte man zum Beispiel große Sätze oder Entwürfe der Theologiegeschichte aus Vergangenheit und Gegenwart wertimaginativ anschauen und ihre wahre Tiefendimension erkennen. Dieses Buch, das eine Reihe der großen Bilder der Bibel von der Basis des Geistes her betrachtet, könnte ein erster Schritt auf einem solchen Weg sein. Ich habe die Hoffnung, dass es nicht nur Theologen, sondern auch vielen nach Sinn Suchenden Anreiz bietet, sich auf diesen Weg zu wagen.

Warum beschäftige ich mich als Psychotherapeut ausgerechnet mit diesem Thema? Nicht nur, weil ich einmal Theologie studiert habe, sondern weil ich in mehreren Tausend Wertimaginationen erfahren habe, dass Religiosität ein Existenzial ist und daher zu jedem Menschen gehört und wie alle anderen spezifisch humanen Werte darauf wartet, erkannt und gelebt zu werden, sodass das Leben gelingen kann. Und warum sollen auf diesem Wege ausgerechnet biblische Erzählungen und Sätze den Weg zu einem gelingenden Leben freilegen? Vor allem deshalb, weil ich keine besseren kenne. Und weil die Erfahrung gezeigt hat, dass gerade die inneren Wanderungen zu religiösen Symbolen und biblischen Texten Menschen – und eben auch die scheinbar »Nichtreligiösen«! – verwandeln können wie kaum etwas anderes. Daher wünsche ich mir, dass alle, denen die besondere Bedeutung der Spiritualität in dieser Zeit aufgegangen ist, die Herausforderung, die von diesem Buch ausgehen könnte, annehmen. Wie gut, wenn dazu auch viele Psychologen und Psychotherapeuten gehörten.

Zum besseren Verständnis der Texte

Bevor wir uns nun der Praxis zuwenden, möchte ich auf einige Punkte hinweisen, die die Lektüre der folgenden Wertimaginationen verständlicher machen.

- Ich habe in diesem Buch meinen Impulsen widerstanden, vor der Darstellung jeder Wertimagination den biblischen Text zunächst einmal historisch-kritisch auszulegen. Denn mir lag daran, die Konzentration auf die inneren Bilder auszurichten.
- Wert gelegt habe ich darauf, dass keineswegs nur sattelfeste Bibelkenner oder problemlos Glaubende an den inneren Wanderungen teilnahmen, sondern auch solche, die bislang biblischen Inhalten fernstanden.
- Die folgenden Wertimaginationen fanden in einer Gruppe von 8 bis 10 Teilnehmerinnen und Teilnehmern statt und dauerten 30 Minuten. Jeder Wertimagination schloss sich eine Niederschrift, die Erzählung der Teilnehmenden und ein Nachgespräch an.
- Alle Imaginanden, die ihre Texte zur Verfügung stellten – an dieser Stelle sei ihnen herzlich dafür gedankt! –, hatten einige Vorerfahrung mit Wertimaginationen.
- Die Form der biblisch orientierten Wertimaginationen war den Teilnehmern zunächst ein wenig fremd, weil die Wertgestalten nicht im Mittelpunkt des Geschehens standen.
- Vor jeder neuen Wertimagination wurde der biblische Text ein- bis zweimal in seinem Zusammenhang verlesen.
- Einige Tage nach der Wertimagination notierten die Imaginanden, was der Text in ihnen ausgelöst hatte. Dabei wurde der emotionale Unterschied zwischen der Niederschrift der Wertimagination unmittelbar nach dem Erleben und der späteren Reflexion erkennbar.

- Der Begriff »Spiritualität«, der in den Texten bisweilen verwendet wird, scheint sich im gegenwärtigen Sprachgebrauch neben dem der Religiosität durchgesetzt zu haben. Was bedeutet für mich Spiritualität? Sie lässt sich als die Erfahrung beschreiben, dass Gedanken keinen Anfang und kein Ende haben, dass das Leben weit mehr Dimensionen hat, als unser Verstand erkennen kann, dass weder kausales noch ganzheitliches Denken die Wirklichkeit hinreichend erfasst, dass die innere Welt zwar keine Grenze kennt, jedoch einen Grund, und dass dieser Grund kein unpersönlicher ist, dass Offenheit und Staunen und Vertrauen und Ehrfurcht die angemessenen Ausdrucksformen dem Leben gegenüber sind – dem Leben, das vom »spiritus«, vom Geist, gehalten und durchwirkt wird. Ich übersetze »spiritus« mit »Gott« oder »das Göttliche«.
- Bitte haben Sie Verständnis für die manchmal stark emotionale Sprache der Imaginanden. Sie ist ein Ausdruck eines starken Erlebens. Und sie zeigt, zu welchen Erfahrungen Menschen fähig sind, wenn sie sich der Basis des Geistes anvertrauen.
- Die Texte, die die Imaginanden spontan notierten und mir dann überließen, habe ich an einigen Stellen formal »geglättet«.
- Dass ich zu den verschiedenen Bibelstellen unterschiedlich viele Imaginationsbeispiele vorlege, ist sowohl in ihrer unterschiedlichen Bedeutung als auch darin begründet, dass mir zur Zeit der Abfassung des Buches relativ wenige Niederschriften von Imaginanden zur Verfügung standen.
- Sollten Sie beim Lesen spontan den Wunsch haben, selbst biblische Texte zu imaginieren, so warten Sie damit bitte, bis Sie sich von einem kundigen Begleiter in diese Arbeit haben einführen lassen.

- Inzwischen gehört der wertimaginative Umgang mit biblischen Texten zum festen Bestandteil unserer Instituts- und Akademiearbeit.

Als weitere Einführung in das Verständnis der Texte scheinen mir einige Stellungnahmen von Imaginanden geeignet zu sein, die sie mir im Anschluss an unser Seminar schenkten:

»Die biblischen Texte, zu denen die Wertimaginationen mich geführt haben, waren mir inhaltlich bekannt. Viele Male habe ich sie gehört, mich mit ihnen auseinandergesetzt in der Hoffnung, sie zu verstehen und sie zu meiner inneren Heimat machen zu können. Die Kopfebene hatte verstanden! Doch nah, gefühlsmäßig nah, waren die Weisheiten der Bibel mir nicht gekommen. Das gepredigte, das gesprochene, das geschriebene, das diskutierte Wort hinterließ nur einen hohlen Raum. Die Wertimaginationen führten mich zum ›gefühlten Wort‹ und schufen mir die fehlende persönliche Anbindung an die stärkste Kraft in mir: an meine Spiritualität.«

»Die behandelten Texte waren Klassiker aus dem Alten und Neuen Testament, die jedem christlich oder auch jüdisch geprägten Menschen durch wiederholte Begegnungen bekannt sein dürften. Mir waren sie alle sehr vertraut, ich bin ihnen oft begegnet und schätze sie sehr. Die Texte gehören zum Grundbestand der Weltliteratur und sind mir auch persönlich sehr bedeutsam. Ich habe sie oft durchdacht und reflektiert – exegetisch und systematisch, sie mir aber auch zum Teil in meditativen Zugängen angeeignet. Ich möchte auf diese Weisheitstexte nicht mehr verzichten.

Durch Wertimaginationen sprechen diese Texte nun auf eine ganz andere Weise zu uns und begegnen uns in einer viel tieferen Schicht. Sie haben etwas Befreiendes und Erschütterndes zugleich, denn sie genügen nicht nur unserem Denken und unserer Erkenntnis, sondern steigen als gefühlte Gewissheiten in uns auf und sind in der Lage, uns innerlich zu bereichern und zu erfüllen. Sie begleiten uns so durch die Zeit. Damit wird die Dialektik von Heteronomie und Autonomie auf beglückende Weise aufgelöst und die Gewissheit der Theonomie steigt aus uns selbst auf. Wir werden damit nicht nur mit den Texten, sondern mit uns selbst vertraut. Der Reichtum unserer inneren Welt wird so bewusst wie nie zuvor – und ein nachhaltiges Gefühl der Dankbarkeit und Leichtigkeit wird spürbar, wie es der Text allein trotz aller Zustimmung in dieser Dichte nie in uns auslösen könnte.«

»Mich persönlich hat jede Imagination zu den biblischen Texten an Gott und das Göttliche in mir erinnert. Und dafür bin ich sehr dankbar. Ich frage mich aber auch, wieso ich immer wieder erinnert werden muss? Der immer wiederkehrende Zweifel ist wohl menschlich, dennoch bin ich gefordert, mich immer wieder in die Liebe Gottes hineinzuspüren. Jedenfalls stelle ich fest, dass jede Erinnerung – wenn ich also meine Verbindung zu Gott spüre – mich gelassener, zuversichtlicher und freudiger werden lässt.

Besonders bemerkenswert fand ich, dass alle Teilnehmer überpersonale Erfahrungen gemacht haben und sich alle Imaginationen in der Bedeutung ergänzten oder bestätigten. Könnte man die Aussagen der einzelnen Imaginationen zusammenfassen, so entstände für mich folgender Gesamteindruck: Gott ist und wirkt in uns durch die Liebe zum Ganzen und in Gänze. Das finde ich mehr als beachtlich.

Eine wahrlich große Herausforderung an uns fehlbare Menschen, dies mehr und mehr zu leben. Und gleichzeitig auch eine Aufforderung, uns mit unserer eigenen Fehlbarkeit zu versöhnen, da die Liebe Gottes eine bedingungslose ist.«

»Für mich, die ich ohne Berührung mit der Bibel aufgewachsen bin und in den vergangenen Jahren eine zunehmende Sehnsucht danach verspürte, dass mir die Texte dieses Buches etwas zu sagen vermöchten, haben sich die Worte der Bibel, zu denen wir imaginiert haben, mit Leben gefüllt. Sie wurden für mich zu einer sehr persönlichen Erfahrung: Ich bekam die Quelle gezeigt, wo ich mit Licht, Leben und Kraft in Berührung komme, verbunden mit dem Auftrag (der sich in den Imaginationen eher wie ein sich entwickelndes Bedürfnis anfühlt), dieses Licht weiterzuverbreiten.

War bisher der Verstand die einzige Instanz, der ich vertrauen konnte, erfahre ich nun, dass es etwas gibt, das weit über mich und meinen Verstandeshorizont hinausgeht, das zuverlässig da ist und auch spürbar, wenn ich mich darauf ausrichte, das auch mich selbst heller und kraftvoller sein lässt, wenn ich mich darauf einlasse. Das bedeutet eine große Entlastung – ich muss nicht alles allein schaffen!

Es ist die Ahnung einer Zusage an mich entstanden, die ich noch nicht recht begreifen kann.

Mir ist auch die Sprache der Bibel, die ja oft selbst eine Sprache der Bilder und Symbole ist, verständlicher geworden, und die Abwehr macht einer zunehmenden Neugier auf dieses Buch Platz.«

»Die Wertimaginationen zu den biblischen Texten haben meiner Wahrnehmung nach die religiöse Erfahrung vertieft beziehungsweise erst möglich gemacht. Der Inhalt der

Bibelzitate, vom Verstand zuvor zwar erfasst, wurde durch die Wertimaginationen tatsächlich erlebt. Durch die Imagination wird eine tiefere Dimension zugänglich, sodass die religiöse Erfahrung umfassender wird. Zudem war für mich die Übereinstimmung von Wort aus der Bibel und Bild aus der Tiefe fast schon ein Beweis für die Wahrheit des Inhalts.«

»Die biblischen Wertimaginationen haben für mich einen heiligen, tief verborgen liegenden Raum geöffnet. Zum ersten Mal habe ich ganz bewusst und unmittelbar erfahren dürfen, dass ich als Mensch, so wie ich bin, von dem, der mich ins Leben gerufen hat, angenommen und geliebt bin. Es sind nicht mehr nur Worte, die mein Verstand hört und die allgemein dem Menschen zugesprochen werden, sondern ich habe erfahren und gesehen, dass Gott mich mit seinem Liebesblick ansieht und mein Herz in seinen guten Händen hält. Es ist eine ganz persönliche Erfahrung, dass Gott mit mir in Beziehung tritt. Nun stehe ich nicht länger außen, nicht dazugehörend und nicht genügend, sondern bin ein Teil von ihm.

Ganz tief berührt haben mich in diesem Zusammenhang auch die Begegnungen mit der Jesusgestalt, durch die sich der gütige, um alles wissende liebende Blick, der immer auf mir ruht, vertieft hat. Wenn ich in dieser spürbaren Nähe und Geborgenheit stehe, so atme ich den sanften Wind des Friedens.

Gleichzeitig habe ich in den biblischen Wertimaginationen immer wieder erfahren, dass es nicht nur um die persönliche, ja private Ebene geht, sondern dass der Blick weit darüber hinaus auf die Gemeinschaft aller Menschen und die ganze Schöpfung gerichtet wird, weil Gott mit seiner Liebe die ganze Schöpfung meint und durchdringt.

Dieses ganz fundamentale Widerfahrnis, das sich in mir offenbart, hat mein Lebensgefühl neu geordnet. Ich empfinde tiefe Daseinsfreude, Dankbarkeit, Staunen, Ehrfurcht und innere Stärke. Die Frage, wie ich so leben soll, dass es Gott gefällt und dass ich an meinem Leben nicht vorbeilebe, stellt sich nicht mehr. Sie ist auf einer umfassenden Ebene beantwortet. Nicht mehr die Frage nach der Lebensführung ist jetzt das Eigentliche, sondern der Ausdruck der Liebesberührung Gottes.

Ich ahne, dass diese Erfahrungen eine Annäherung an das sind, was die biblische Überlieferung als metanoia, als Umkehr der gewohnten Sichtweisen, bezeichnet (Mt 4,17), die sich der Mensch aber nicht abringen muss, sondern die ihn ergreift.

Vielleicht auch ein Zweites ist mir wichtig geworden: eine Annäherung an das Geheimnis, das Jesus im Gespräch mit Nikodemus entfaltet, nämlich die zweite Geburt des Menschen aus dem Geist (Joh 3,3).

Mir ist bewusst, dass das wahre Wesen Gottes alles übersteigt, was mir zuteil wurde. Und doch bin ich mir sicher, es wird einst ganz anders und doch genau so sein. Während ich das schreibe, wird mir erst bewusst, wie oft und wie viele Menschen in allen Generationen das schon geschrieben haben. Aber es muss einmal im Leben die ganz eigene, existenzielle Erfahrung sein. Damit die tiefe Gewissheit entstehen kann, die über den Verstand weit hinaus in die Tiefe der Seele geht: Ja, so ist es. Gott ist Liebe. So ist Gottes Wesen und ich darf daran teilhaben.«

»Was hat diese Erfahrungsreihe in mir ausgelöst? Zunächst einmal war und bin ich erstaunt, dass sich über Imaginationen diese klassischen biblischen Texte überhaupt ›anwandern‹ lassen. Zum anderen war ich zunächst überrascht, wie unglaublich aktuell diese Texte, die man ja schon lange, zum Beispiel vom Konfirmandenunterricht her, zu kennen glaubt, durch diese Form der Annäherung werden.

Plötzlich ergibt sich ein ganz persönlicher Bezug, eine ganz direkte, auf mich persönlich zugeschnittene Bedeutung. Dadurch, dass ›man‹ diese Texte so lange und so oft schon gehört hat, verlieren sie ja teilweise etwas an Frische, an Unmittelbarkeit, an Überzeugungskraft und an Bedeutung. Durch die wertimaginative Begegnung geschieht etwas wie eine Wiederbelebung von etwas, das verkrustet und etwas starr geworden war in mir, etwas, das den Reiz des Neuen verloren hatte und damit ›museal angestaubt‹ zu sein schien. Durch diese Begegnung wird das ›entstaubt‹ in seiner leuchtenden Aktualität bewusst und beginnt wieder zu strahlen und hochattraktiv (also anziehend) zu sein. Die innewohnende Kraft kann sich wieder entfalten und spricht mich heute, wo ich aktuell stehe, frisch und unverbraucht und direkt an – ganz lebendig und unmittelbar.

Diese Kraft gibt mir Ratschläge, Hinweise, Anregungen zu ganz aktuellen Fragen, Zweifeln oder Problemstellungen. Und diese grenzenlose Liebe wird wieder spürbar und erfahrbar.«

Wertimaginationen zu biblischen Texten

Es wird nicht dunkel bleiben

Wertimaginationen zu Jesaja 9,1

> **Das Volk, das im Dunkel lebt, sieht ein helles Licht;**
> **über denen, die im Land der Finsternis wohnen,**
> **strahlt ein Licht auf.**

Dieser Satz wurde vor etwa 2800 Jahren von Jesaja, einem der großen Propheten Israels, geschrieben. Jesaja wirkte im damaligen Südreich Juda zwischen 740 und 701 v.Chr., in der Zeit der Bedrohung durch die Großmacht Assyrien. In dieser schweren Zeit »sieht« der Prophet, dass alle Not ein Ende haben, weil Gott sein Volk erlösen wird. Als erster Prophet Israels kündigte er den Israeliten auch den zukünftigen Messias an und damit »die Wende der Welt« (F. Gogarten).

Wertimagination 1

Die folgende Imagination erzählte[12] eine Frau, die sich selbst eine Suchende nennt. Die Imagination zeigt eindrucksvoll sowohl die emotionale Nähe der Frau zu den Bedrückungen der Menschen jener Zeit als auch zu der starken Hoffnung auf Befreiung, die der Prophet voraussah.

Die Erzählung zeigt auch ein Motiv, dem wir in Wertimaginationen immer wieder begegnen: die Selbstverständlichkeit, Beglückendes nicht nur für sich allein zu erleben, sondern es auch anderen zuteil werden zu lassen.

Ich sehe in eine waagerecht verlaufende Felsspalte, in der viele Menschen geduckt und eng aneinandergedrängt sitzen. Ihre Blicke sind ängstlich nach oben gerichtet.

Draußen vor der Felsspalte tobt ein Unwetter mit zuckenden Blitzen von einem pechschwarzen Himmel, Donner und sturzbachartigem Regen. Es herrscht Weltuntergangsstimmung. Das Wasser steigt bedrohlich nah an die Felsspalte heran. Ich sehe mich mit nach oben geöffneten Armen vor der Felsspalte stehen, mit dem Rücken zu den Menschen.

Da sehe ich vor mir einen Engel[13] aus Licht, umgeben von Licht[14]. Wie ich breitet er seine Arme nach oben aus. Wir reichen uns die Hände. Leichtigkeit und lichte Freude gehen von ihm aus. Er legt mir und dann jedem der geduckten Menschen eine Hand auf den Kopf, woraufhin wir im Halbkreis niederknien und im Gebet versinken.

Dann geschieht es: In der Mitte des Halbkreises bildet sich ein goldener See, aus dessen Mitte Lichtstrahlen nach oben sprühen. Und in diesem Fächer aus Lichtstrahlen zeigt sich ein großer, heller und weit geöffneter Mantel aus Licht, der Bergendes und Schützendes hat und gleichzeitig unendlich viel Freiheit lässt. Innerhalb dieses geöffneten Lichtmantels laufen wir alle wie verrückt vor Freude durcheinander und umarmen uns.

Danach schwärmen wir in alle Himmelsrichtungen aus, das Licht mit uns ziehend, über die Berge in alle Welt. Die Menschen, denen wir begegnen, nehmen das Licht, das wir mitbringen, in sich auf und tragen es ebenfalls weiter.

Als ich mich umschaue, sehe ich noch immer den großen Lichtmantel und habe die Gewissheit, dass ich ihn von überall auf dieser Erde werde sehen können und auch jederzeit wieder dorthin zurückkehren kann.

Was löst diese Imagination in mir aus?

Ich bin berührt von dem Gefühl, jederzeit und überall Schutz in dem weit geöffneten Lichtmantel zu finden, wo immer ich bin. Das gibt mir Vertrauen in eine Kraft, die größer ist als alles Menschliche.

Es löst auch Freude in mir aus, wie die anderen auszuschwärmen und das Licht über die Erde zu verbreiten. Am stärksten aber ist das Gefühl des Vertrauens.

Wertimagination 2

Die folgende Imagination, die eine erfahrene Imaginandin erzählte, schildert die Geschichte der Welt vom guten Beginn über die lange Phase der Zwiespältigkeit des Lebens bis hin zur Vollendung. Sie zeigt darüber hinaus, dass Wertimaginationen immer wieder über das persönliche Erleben hinausführen und Grundtatsachen des Lebens zur Sprache bringen.

Die Erzählung ist auch ein anschauliches Beispiel dafür, dass sich die Imaginandin das, was sie sieht, nicht einbildet, sondern dass die Bilder sich in ihr *ausbilden*. Denn ihr Staunen macht deutlich, dass sie sich diese Bilder nicht vorgestellt hat.

Bemerkenswert ist, dass die Imaginandin emotional tief in die damalige Not eintaucht und sie zugleich als ein immer wieder gegenwärtiges Geschehen der Menschheit erfährt. Auch die Befreiung erfährt sie als einen vergangenen und zugleich immer wieder neuen Akt Gottes. Geradezu aufregend an dieser »Wanderung« ist die keineswegs bewusst gestellte Frage, warum das Leid und das Glück, das Dunkle und das Helle, also die Polarität in der Welt, sein müsse. Sie wird, ohne das Bewusstsein einzubeziehen, eindrucksvoll beantwortet.

Ein riesiges Rad *(Symbol der Bewegung durch Raum und Zeit und des Lebenslaufs)* wird sichtbar. Der mächtige Strom der Zeit fließt seit Weltenbeginn darüber hinweg und setzt es in eine gleichmäßig kraftvolle Bewegung. Dann teilt eine scharfe Trennungslinie den Strom in eine helle und eine dunkle Seite.

Links, auf der hellen Seite des Flusses, liegt auch das helle Leben. Rechts, am anderen Ufer, herrscht das dunkle Sein. Hier finde ich alle Völker, die im Finstern saßen von Urbeginn an bis in das Elend der heutigen Zeit: Menschen, die in Not und Elend geraten sind durch

Naturkatastrophen, Hungersnöte, Krankheiten, Gewalt und Kriege. Ich gehe durch alle Zeiten der Qual und der Hoffnungslosigkeit. Die Hilferufe der Geknechteten, der Verfolgten, der Todgeweihten in den Konzentrationslagern ballen sich zu einem einzigen Schrei, gellen schmerzhaft in meinen Ohren. Nur selten entsteht eine Brücke zum hellen Land. Und seltener noch gelingt es Einzelnen – oder einem Volk –, auf die helle Seite zu wechseln.

Mein Herz tut weh beim Anblick dieser Ausweglosigkeit, dieser Sinnlosigkeit. Anklagen werden geschrien von den Verlorenen. Gegen die Welt und gegen Gott. Vor allem gegen Gott: »Warum?« Schließlich erschöpft sich auch das stärkste Aufbegehren, endet in tiefster, stummer Resignation. Diese Menschen wollen nichts mehr: nichts von der Welt, nichts von sich, nichts von dem unbarmherzigen Gott.

In dieser erwartungslosen Stille erklingt eine Stimme: »HIER!« Aus dem »Hier« strömt den verlorenen Menschen goldenes Licht entgegen *(Symbol der Vollkommenheit, auch des himmlischen Lichts).* Da erheben sich die dunklen Völker und lassen zu, dass sie von dem goldenen Licht umfangen werden. Das Schwarze in ihnen und an ihnen löst sich auf. Göttliche Arme nehmen die Menschen auf. Sie werden gewiegt, bis sie getröstet sind. Die Leidenden werden zu Lichtgestalten. Ein großes goldenes Tor öffnet sich im Brustraum Gottes. Die Lichtwesen verlieren ihre menschlichen Konturen, werden zu einem goldenen Strom und gehen ein in Gott. Auch die helle Flussseite mündet hier. Beide Seiten des Lebensstromes, die helle und die dunkle, werden in Gott zu einem einzigen goldenen Lichtstrom vereint.

Von meinem Standort erkenne ich noch einmal in aller Klarheit die ganze Geschichte des Lebens: Zuerst verlässt ein goldener Strom das Göttliche, dann wird er durch das Rad des Lebens in Hell und Dunkel gespalten, bis er schließlich in Gott wieder eins wird.

Mir drängt sich die Frage nach der Notwendigkeit der Polarität während der Zeitspanne des Lebens auf, die erst im Einssein mit dem Göttlichen aufgehoben wird. Da höre ich einen Satz, ohne ihn wirklich zu verstehen: »Ohne Polarität wäre das Leben ein göttlicher Kreislauf in sich.« (Dieser Satz wird mich noch beschäftigen!)

Was löst diese Imagination in mir aus?

Ich werde versuchen, Brücken zu bauen, auf Hilferufe zu hören und das Schwarze im Leben zu verringern, soweit es mir möglich ist. Doch auch das versuche ich in mein Herz zu nehmen: Es liegt letztlich nicht in der Macht des Menschen, alles Leid der Welt in seine Verantwortung zu nehmen. Jenseits unserer Begrenzung, da, wo der Mensch keine Lösungen mehr kennt, wartet die Erlösung. Da, wo er nur noch Ohnmacht kennt, wird er aufgehoben und getröstet werden. Von einer göttlichen Macht. Meine Hoffnung wird zur Gewissheit: Wir sind Erwartete.

Wertimagination 3

Auch diese Imagination veranschaulicht, wie eine Imaginandin in der Begegnung mit dem Text selbst Mitleidende, Mithandelnde und schließlich Mitbefreite wird. Darüber hinaus erfährt sie den qualitativen Unterschied zwischen den Wertgestalten, also etwa dem Mutigen, der Lebenskünstlerin oder dem Liebenden einerseits und der ihr begegnenden Christusgestalt andererseits.

Immer wieder kommt es vor, dass sich Wertgestalten von selbst zeigen, so auch hier. Das ist kein Zufall. Denn wann immer sich ein Imaginand dem Hellen, dem Licht, dem Göttlichen, nähert, formieren sich die geistigen Kräfte und stellen sich ihm zur Verfügung.

Es ist Nacht. Ich sehe eine karge, dunkle Landschaft. Ein riesiger Felsbrocken schwebt über ihr wie eine mächtige, dunkle Wolke. Ich sehe Menschen, die große Säcke mit schweren Lasten auf ihren Rücken tragen. Und immer dann, wenn sie direkt unter der Wolke entlanggehen, legt sich dunkler Staub auf sie. Andere sitzen einfach nur da. Sie alle wirken ausgezehrt, ziellos und leer. Die ganze Landschaft wirkt trostlos.

Plötzlich stehe ich selbst mitten in dieser Landschaft, friere und fühle mich wie gelähmt. Ich schaue den Menschen in die Augen. In ihren Tränen sehe ich das große Leid, das ihnen in ihrem Leben widerfahren ist. Sie haben keine Hoffnung mehr, sind ganz auf sich selbst zurückgeworfen.

Nun schaue ich den riesigen dunklen Felsbrocken an. Und plötzlich beginnt in seiner Mitte ein winziges Licht zu leuchten.[15] Das Licht spiegelt sich in den Augen der Menschen wider und leuchtet wie kleine Sterne. Nach und nach breitet es sich immer weiter aus, sodass Risse im Felsbrocken entstehen. Schließlich zerspringt er ganz. Und unendlich viele Lichttropfen schweben sacht auf die Erde. Es ist ganz still, als wäre die Zeit stehen geblieben. Dann senkt sich aus dem Licht eine große Lichtkugel *(Symbol göttlicher Vollkommenheit)* auf die Landschaft hinab.

Danach zeigen sich (von selbst) meine Wertgestalten. Sie sind in weiße Gewänder gekleidet. Sie stehen zu beiden Seiten am Wegesrand. Ich schreite mitten durch sie hindurch. Sie weisen mir den Weg, an dessen Ende ein Tor zu sehen ist, vor dem ein Engel steht. Als ich ankomme, öffnet sich das Tor.

Ich erkenne einen Thron *(Herrschaftssymbol),* auf dem eine Lichtgestalt, Christus, sitzt. Er ist von zahllosen Engeln umringt. Menschen sind auch da. Wir alle fallen vor Christus nieder.

Dann erhebt er sich. Jeder, auch ich, wird zu ihm gerufen. Er legt beide Hände um mich. Ein tiefes Gefühl von Geborgenheit und Ruhe füllt mich ganz aus. Es erklingt eine wunderschöne Melodie.[16]

Nun erst erkenne ich, dass wir in einem großen Saal stehen. An der Stelle des Throns blüht nun eine Lilie *(Symbol des Lichts und der Reinheit),* in die ich mich hineinlege. Ich bin von einem großen, duftenden Lilienfeld umgeben. Auch viele andere ruhen in Lilien. Dann bricht ein neuer Morgen an.

Schließlich brechen wir von diesem Ort auf und gehen in die Landschaft, aus der wir gekommen sind, zurück. Über, um und in uns ist es hell und licht. Manche Menschen, denen wir begegnen, gehen wie Schatten durch mich hindurch, anderen kann ich die Hände reichen. Und immer dann, wenn das geschieht, gehen sie weiter zur Mitte, zur Quelle des Lichts.

Was löst diese Imagination in mir aus?

Ich habe den Eindruck, mit dieser Wanderung einen neuen, ja, einen heiligen Raum betreten zu haben. Als ich die Lichtgestalt Christus erblicke, nehme ich sie anders wahr als meine Wertgestalten. Er strahlt Unverletzbarkeit, inneren Frieden, Erhabenheit und zugleich tiefe Nähe aus. In der Berührung mit ihm spüre ich Geborgenheit, Hoffnung und eine Ahnung, was Erbarmen bedeutet. Staunend und mit einem Gefühl von Ehrfurcht komme ich von dieser Wanderung zurück.

Der letzte Teil bewegt mich zu der Frage, was Menschen einander sein könnten, wenn sie mit der Quelle des Lichts, mit Christus, in Berührung kämen.

Eine Zwischenbemerkung

Bereits aus den bisherigen Erzählungen mag deutlich geworden sein, dass die »Wanderungen« zu biblischen Texten dem Anliegen der Wertimagination treu bleiben. Denn nicht darum geht es, die Bilder in der Erwartung »laufen« zu lassen, es werde sich irgendwann Wichtiges zeigen, sondern darum, dass sich der Imaginand auf *Ziele* ausrichtet, auf die er sich vor Beginn der Imagination verständigt hat und die eine bestimmte Richtung seines Denkens und Fühlens vorgeben. Daher begegnet er nicht *irgendwelchen* Bildern und Themen mit den ihnen entsprechenden, möglicherweise unkontrollierbaren Emotionen. Und daher kommt es nicht zu obskurem »spirituellem« Wildwuchs. Die ImaginandInnen bleiben vielmehr, wie Heinz Zahrnt sagte, auf die beiden Pole bezogen: auf den biblischen Text als »Grund« und auf sich selbst und die Situation, in der sie sich gegenwärtig befinden. Sie bleiben an die von ihnen selbst gewollten Inhalte gebunden, doch in persönlicher Freiheit. Und so gelangen sie aus dem Souterrain des Geistes zu neuen gefühlten An-Sichten, Ein-Sichten und *Erfahrungen.*

Und was ist Erfahrung? Gedeutetes und gereiftes Erleben. Erfahrung ist die Fähigkeit, das, was ich erlebe, mir so zu eigen zu machen, dass fortan mein Leben davon geprägt wird. Aus einem Erlebnis wird jedoch erst dann Erfahrung, wenn es gedeutet wird. Die Deutung der Symbolgehalte geschieht nun weder nur so, dass sich der Imaginand oder sein Begleiter Einfälle kommen lässt, noch so, dass sie ihr lexikalisches Symbolwissen auf die sich zeigenden Symbole »draufdeuten«. Die wertimaginative Deutung ist primär eine phänomenologische, das heißt, dass in der existenziellen Begegnung zwischen dem Imaginanden und den Symbolen diese *sich selbst* aussprechen.

Schutz im finsteren Tal

Wertimagination zu Psalm 23,4

> **Und ob ich schon wanderte im finsteren Tal,**[17]
> **fürchte ich kein Unglück, denn du bist bei mir.**

Der »Psalm vom guten Hirten«, der um 500 vor Christi Geburt entstand, gehört zu den bekanntesten Psalmen. Zahllosen Menschen ist er eine große Hilfe gewesen, auch in schwierigen Zeiten dem Leben vertrauen zu können. Er spricht auch heute noch Menschen an, obwohl seine Bilder uralt sind. (Sie stammen aus der Viehzüchtergesellschaft des Alten Orients.) Für den christlichen Glauben hat der Psalm auch deshalb Bedeutung, weil Jesus sich im Johannesevangelium selbst den »guten Hirten« nennt.

Wertimagination

Von gläubigen Menschen wurde berichtet, dass die spirituellen Erfahrungen, die durch Wertimaginationen möglich seien, tiefer reichten als jene, die auf anderen Wegen gemacht würden. Das bestätigte eine Ordensfrau, die mir die folgende Erzählung überließ.

Dass das Grab nicht das Ende des Lebens ist, sondern der Durchgang zu einem anderen, darauf weisen, wie auch hier, viele Imaginationen hin.

Ich stehe in einer Felsenschlucht, vor mir zeigt sich ein dunkler, schwarzer Felsspalt. Ich weiß, dass ich da hineingehen soll. Ich stehe lange davor: Enge, Dunkelheit, kein Durchkommen scheint möglich zu sein. Rechts neben mir nehme ich einen Stab (Hirtenstab) wahr, mit dem ich einen Schritt in das Dunkel hineinzugehen wage. Ich kann auch weitere Schritte machen, doch die Schwärze um mich bleibt. Nach einiger Zeit erblicke ich am Boden erhellte Fußspuren. Ich kann die Umrisse genau sehen. In diese trete ich hinein und sinke mit ihnen tief nach unten.

Ich befinde mich in einer Höhle mit einer Kuppel. An der Wand rundum, mich umgebend, steht der Satz aus dem Psalm geschrieben: »Und ob ich schon wanderte im finsteren Tal, fürchte ich kein Unglück, denn du bist bei mir.« Ich empfinde die Höhle wie eine mich umgebende Kugel, in deren Mitte ich stehe. Diese Mitte ist wie ein Kern, den ich sogar körperlich in mir (in der Brustbeingegend) wahrnehmen kann.[18] Und dort taucht wieder der Satz auf, diesmal wie auf einem Gedenkstein, der sich dann als mein Grabstein herausstellt:

Ich stehe vor meinem Grab und blicke hinein. Ich sehe mich im Sarg liegen, friedlich ruhend, von Licht umgeben. Von unten – aus der Erde – erkenne ich ein helles, aufstrahlendes Leuchten von Lichtstrahlen, das über das Grab hinaus nach oben bis in den Himmel hineinstrahlt.

In mir entsteht ein tiefes Gefühl von Geborgensein, Frieden, Ruhe, Getragen- und Aufgehobensein. Und die tiefe Gewissheit: Auch über den Tod hinaus gilt dieses Psalmwort, bleibt es Wirklichkeit! Es ertönt ein großes »Halleluja« aus dem Grab und erfüllt die Welt.

Was löst diese Imagination in mir aus?

Auf dem Hintergrund dessen, dass meine Mutter vor einem halben Jahr verstorben ist und ich mich selbst schon intensiv mit Tod und Sterben beschäftigt habe, bedeutet mir diese Imagination sehr viel. Die Gedanken und Vorstellungen bisher kommen an das Erleben in der Imagination nicht heran. Dieses Bild, wie unter dem Sarg aus der Tiefe der Erde das Auferstehungslicht auf- und herausstrahlt, hinterlässt in mir das Gefühl und die Gewissheit: Der Tod ist der Durchgang zum Leben, zum Licht, zum Ursprung, zum Geborgensein in Gott! Das Lebensleuchten setzt sich durch! Es ist stärker als der Tod.

Gott gab sich aus der Hand

Wertimaginationen zu Johannes 3,16

> **Jesus Christus sagt: »Also hat Gott die Welt geliebt,
> dass er seinen einzigen Sohn gab, damit alle,
> die an ihn glauben, nicht verloren gehen,
> sondern das ewige Leben haben.«**

Dieses Wort stammt aus dem viel geliebten Johannesevangelium, das vermutlich gegen Ende des 1. Jahrhunderts verfasst wurde. Was wäre, wenn dieser Satz wahr wäre! Wenn er nicht nur für eine Zeit Bedeutung gehabt hätte, in der Menschen offener waren für Dinge, die der Verstand nicht fassen kann! Wenn es einen »Ort« gäbe, von dem aus dieser kaum fassbare Satz Eingang in die menschlichen Herzen finden könnte. Unser Leben könnte sich verändern, radikal, und keineswegs nur innerlich.

Wertimagination 1

Selten beschreibt ein Text so anschaulich wie die folgende Imagination die Großartigkeit und Globalität des Handelns Gottes an der Welt: die Menschwerdung Gottes, den Weg des Nazareners durch die Welt, die Bedeutung seines Sterbens für die gesamte Schöpfung. Beglückend finde ich auch die Konsequenz dieses imaginativen Erlebens: die Erfahrung von Identität, die den ganzen Menschen, also auch seinen Körper, betrifft.

Ich sehe vor mir die Weltkugel. Von oben her, vom Himmel, kommt eine große Hand *(Symbol für die Hand Gottes),* in der ein Kind liegt. Die Hand setzt es, das Jesuskind, an einen Ort der Welt. Der Satz ist mir nun ganz präsent: »… dass er seinen einzigen Sohn *aus der Hand* gab«!

Dann leuchtet ein strahlender Stern auf, von dem Feuerfunken ausgehen, eine sehr lebendige und kraftvolle Energie. Der Stern wandert in die Dunkelheit über der Weltkugel. Szenen aus dem Leben Jesu tauchen auf: seine Taufe, er im Tempel, seine Auseinandersetzungen mit den Pharisäern, die Heilungen, die er an Menschen vollzog, sein Segnen und Leben unter den Menschen, die Bejahung und Ablehnung, die er erfahren hat, der Weg zum Kreuz, sein Sterben am Kreuz.

Danach sehe ich, dass das Kreuz die gesamte Erdkugel umspannt. Blut und Strahlen von Licht gehen davon aus und strahlen in die Welt. Zugleich erkenne ich Gräueltaten, Kriege, Gewalt *und* die Schönheiten der Erde und des Lebens: die wundervolle Schöpfung, liebevolle Begegnungen, beglückendes Erleben. Die Worte sind präsent: »... die Welt geliebt« und »seinen Sohn aus der Hand gab ...« Ich lasse den Satz lange auf mich wirken und warte.

Dann taucht ein Lebensstrom auf, der die Erde in eine andere große Hand, die von oben kommt, hineinträgt. Die erste Hand und nun diese zweite begreife ich sofort als die Hände Gottes, der die Erde mit seinen beiden Händen an sein Herz nimmt. Dadurch geschieht eine grandiose Verwandlung: Es grünt auf der Weltkugel. Ich selbst spüre Wärme in meinem Brust- und Bauchraum – wie eine große Kugel, die in Beziehung zur Erdkugel in Gottes Händen steht. Ein Gefühl tiefer Ruhe, Erwärmung, Verbunden- und Aufgehobenseins breitet sich aus.

Schließlich sehe ich, wie eine große weiße Taube *(Symbol des Heiligen Geistes)* vom Herzen Gottes von einem Kontinent zum anderen und schließlich in mein Herz hineinfliegt, was mich zutiefst beglückt.

Was löst diese Imagination in mir aus?

In mir sind nach dieser Wertimagination noch lange diese eindrucksvollen Bilder lebendig. Besonders dieses: wie einerseits der Sohn aus der einen Hand Gottes in die Welt gegeben wird und andererseits der Lebensstrom die ganze Erde in die andere große Hand Gottes hineinträgt, er sie aufnimmt und am Herzen trägt. Das ist für mich ein Gefühl von: zu seiner Bestimmung gekommen und vollendet sein, alles hat Sinn und Ziel, mein kleines Leben und die ganze Welt, alles Leben ist gut aufgehoben bei Gott.

Wertimagination 2

Die folgende Wanderung ist von besonderer Art. Sie wurde von einer Frau erzählt, die trotz ihrer ausgiebigen Selbsterfahrung die ungewöhnlichen Verletzungen ihrer Kindheit nicht überwunden hatte. Die Imagination beschreibt ihren Lebensweg von der Kindheit bis zu ihrer Befreiung und der Ankündigung eines Auftrags, der auf sie wartet. Es scheint, als habe diese Imagination ihr Daseinsgefühl grundlegend verändert.

Zuerst sah ich das Wort »Also«. Wie ein Widerhall ohne Ton kam das Wort »Also« immer wieder, als wollte es sich öffnen, um verstanden zu werden. Ich fühlte einen abgründigen Schmerz. Ich spürte, er kam von Gott, dem Vater, der um seine Kinder leidet.

Dann zeigte sich in gleicher Weise das Wort »Gott« und der Klang von Heerscharen: »Gott, der Heilige, der Allmächtige, der Ewige, der Unendliche, der Alles-Seiende« erfüllte den Raum der Welt und die Zeit. Ich war voll Ehrfurcht.

Danach zeigte sich das Wort: »die Welt«. Ich sah die Menschen in farbigem Grau hasten und jagen, suchen, irren und schaffen, mit Sehnsucht im Herzen, Erfüllung zu finden, nach Liebe und Angenommensein. Ihr Schaffen war ohne innere Ruhe, ihre Begegnungen hatten kaum oder gar keine Liebe. Alles war so ein scheinzielstrebiges Vorbeigehen an anderen, war nur ein Nützlichkeitsdenken. Ich spürte ihre Trauer, dass sie sich nach einer anderen Lebensform sehnten und sie doch nicht kannten.

Dann kam das Wort »geliebt«. Gott neigte sich aus Liebe zu uns in die tiefste Tiefe – in das Leben als Mensch, als Licht für uns, für einen neuen Weg.

Danach sah ich mich selbst aus der Vogelperspektive als ein verzweifeltes, kleines Kind – drei Jahre – an einer Nabelschnur, die durch den Körper nach hinten am Kreuzbein heraus in ein schweres, böses Dunkel ging. Ich sah mich an dieses Dunkel gebunden, sah mich vergiftet und ausgeblutet, kaum noch fähig zu leben, unfassbar klein und einsam. Dann ging ich weg von dieser großen zerstörenden Dunkelheit.

Ich gelangte an ein großes Tor und ging hindurch. Es war weit offen. Da schlossen sich die beiden Tore (das zweite war vorher nicht zu sehen gewesen) und durchtrennten die unselige Nabelschnur. Das eine Tor trennte den Zufluss der Vergiftung, das andere Tor das Ausbluten des Kindes, das ich selber war. Ich ging, ohne dies zu bemerken, weiter und wurde kraftvoller und stärker.

Dann musste es einen fast senkrecht steilen Berg hochsteigen *(hier Symbol für die Lebenswende)* und an der anderen Seite wieder heruntergehen. Der Weg, der mit leicht hügeligem Auf und Ab weiterging, hieß »Glauben«. Das Kind ging, als wüsste es um ein Ziel, wusste es aber nicht.

Es kam an ein Tor, hinter dem der »Raum des Lichts, des Wissens, der Erkenntnis« begann. Es ging auch diesen Weg ohne Zögern. Da hörte es, wie von allen Seiten – und es war, als umfasste dieses Wort Vergangenheit, Gegenwart und Zukunft – eine Stimme erscholl: »Ich habe dich bei deinem Namen gerufen, du bist mein.«

Ein unbeschreibliches Gefühl von Zugehörigkeit zum Leben, von Liebe und Geliebtsein durchströmte mich. Tiefe Freude und Dankbarkeit erfüllten mein Herz, meinen Geist, meine Seele, meinen Leib in nie gekanntem Ausmaß.

Vor mir öffnete sich ein neuer Weg, auf den wärmendes goldenes Licht fiel. Es fiel auf mich und auf den beginnenden Weg. Und der Auftrag kam: »Weide meine Schafe.« Da schaute ich auf eine Reihe elender Schafe, die gebunden, geschunden, ermattet und erniedrigt waren und alsbald in Menschen verwandelt wurden. Ich war zutiefst betroffen angesichts dieser Not, aber auch betroffen, geschockt und wie gelähmt angesichts dieses Auftrages. Ich schreckte zurück. Wie sollte das gehen? Was sollte ich tun?

Da fiel von oben goldenes Licht auf diese Menschen und das Wort »Verstehen« stand als Auftrag über allem. Dafür konnte ich mich öffnen. Und indem ich mich für das Verstehen ihres Elends öffnete, standen sie auf, einer nach dem anderen, trugen plötzlich weiße Kleider und beteten bewegt das Vaterunser. Alle kamen nach dem großen »Amen« zum Frieden. Frieden war in uns, um uns, über uns, die Liebe trug uns alle.

Ich löste mich allmählich von den Menschen. Wie von Kreide gezeichnet waren die Spuren meines Weges hinter mir sichtbar. Ich spürte zum ersten Mal die tiefe Wurzel des Vertrauens, die zu einem Kreis wuchs und alle Welt umfasste.

Was löst diese Imagination in mir aus?

Vor allem vier tiefe Empfindungen:

1. Das tiefe Empfinden der Heiligkeit und Majestät Gottes und seiner unbegreiflichen Liebe zu uns Menschen. Seinen tiefen Schmerz um uns zu spüren, war für mich ergreifend. Diese Erfahrung hat meine Liebe zu Gott vertieft.
2. Das Erleben und Staunen über die achtsame Fürsorge und unspektakuläre Bewahrung Gottes in meinem Leben, die so tief greifend mein Leben vor dem Verderben gerettet hat. Und dass diese Fürsorge und Bewahrung allen Menschen und insbesondere allen einsamen und verlorenen Kindern gilt, das ist mir zur starken Gewissheit geworden.

3. Mir war, als heilten und reinigten sich alle Zellen meines Körpers und erneuerten sich. Ich fühlte mich bejaht und gewollt. Ein Strom von Tränen versiegte in dem gespürten Wissen: Ich habe Daseinsberechtigung, Heimatrecht, denn ich bin geliebt von meinem himmlischen Vater.

   Auch die Berufung erlebe ich als Gnade. Ich weiß sie noch nicht umzusetzen, aber das wird sich sicher noch zeigen.
4. Das Erleben der Zukunft, das Umfangensein von der Wurzel des Vertrauens hinterlassen in mir eine tiefe gefüllte Stille und einen Blick stiller (Vor-)Freude auf das, was kommen mag, das Gefühl eines sicheren Gehens auf meinem Weg.

Das Licht der Welt

Wertimaginationen zu Johannes 8,12

> **Jesus Christus sagt: »Ich bin das Licht der Welt. Wer mir nachfolgt, wird nicht wandeln in der Finsternis, sondern wird das Licht des Lebens haben.«**

Stellen Sie sich vor, dieser Satz bedeutete nichts Geringeres als das Zentrum der Weisheit. Stellen Sie sich vor, er wäre nicht nur ein erbauliches Wort aus alter Zeit. Stellen Sie sich vor, er vermittelte uns die Gewissheit, wir könnten in den wechselnden Situationen unseres Daseins freier, gelöster und heiterer unserer Wege gehen, weil das Person gewordene Licht bei uns wäre »bis an das Ende der Welt«. Dass diese Vorstellung keine Illusion bleiben muss, können die folgenden inneren Wanderungen veranschaulichen.

Wertimagination 1

Diese Erzählung ist ein Beispiel dafür, dass in biblisch orientierten Wertimaginationen alles gedanklich und emotional Schwierige und Unfertige zur Sprache kommen darf und die Klarheit des Geistes auch ohne unser Zutun zustande kommen kann, wir also nicht ständig auf der Ebene des Bewusstseins Lösungen finden müssen.

Besonders berührend in der nun folgenden Erzählung ist jene Szene, in der die Imaginandin in ihrem Herzen[19] von der Christusgestalt angerufen wird. Diesen Anruf erlebte sie unmittelbar. Diese Erfahrung, dass Gott/Jesus/Christus einen Menschen konkret anruft, ihn meint, wird in Imaginationen immer wieder Menschen zuteil – und keineswegs nur solchen, die sich darauf vorbereitet oder die bestimmte Bedingungen erfüllt hätten.

Zunächst löst das Wort »Nachfolge« in mir Fragen aus. Und all die biblischen Sätze, die ich als sperrig empfinde, reihen sich aneinander. »Wer sich nicht selbst verleugnet, kann nicht mein Jünger sein.« – »Wer mir nachfolgen will, nehme sein Kreuz auf sich ...«

Während dieser Gedankenkette sehe ich vor mir Blau. Es ist ein gräuliches Blau, sehr fest, als hätte jemand zu viel Deckweiß in die Farbe gemischt. Beim Einatmen legt es sich um mich und klebt an mir, sodass ich immer weniger Raum zum Ausatmen habe. Ich fühle mich sehr unbehaglich und wie gefangen.

Auf einmal wird das gräuliche Blau, das an mir klebt, an einer kleinen Stelle durchsichtig. Es ist, als ob jemand von außen eine gefrorene Scheibe an einer Stelle freigehaucht hätte. Ich sehe wunderschöne Farben. Ich sehe auch einen großen, gesunden Baum, dessen Stamm blau, grün und golden glänzt. Er wächst an einem klaren Bach, nah bei der Quelle. Ich gehe durch den Bach hinüber zum Baum und lehne mich an ihn.

Da öffnet sich der Stamm, und ich trete in einen gelben, warmen Lichttunnel *(Vorbereitung auf eine große spirituelle Erfahrung)* ein, in dem ich mich sehr geborgen fühle. Das Licht wird immer heller. Schließlich gelange ich durch den Tunnel zu einem runden Raum, an dessen Schwelle ich verharre, angezogen von dem Licht, zugleich zutiefst erschrocken, dass ich mich ihm nähere. Endlose Sekunden stehe ich da. Plötzlich erklingt aus dem Licht eine Stimme, die meinen (konkreten) Namen ruft und mich mit einem »Komm!« zu sich einlädt. Wie ein Echo hallt es durch meinen ganzen Körper. Sollte *ich* wirklich gemeint sein? Ja, es gibt keinen Zweifel daran.

Ich betrete den Lichtraum. Ich sehe zwei Hände und das Antlitz Jesu aus diesem Licht hervorscheinen. Er streckt mir seine Hände entgegen und umfängt mich. Sein Blick ruht auf mir. Er sieht mich. Er kennt mich. Ich fühle seine Liebe. Sie gilt mir. Dieser Raum erweist sich als mein Herz, dessen Wände von dem göttlichen Licht widerstrahlen. Ich bin ganz angenommen.

Was löst diese Imagination in mir aus?

Mir wird deutlich, dass es in mir immer noch einen Teil gibt, der mich infrage stellt und daran zweifelt, ob ich so »richtig« bin, wie ich bin. Dies spiegelte sich auch in den Fragen zu Beginn dieser Wertimagination und in der Scheu vor dem Betreten des Lichtraums wider.

Die Erfahrung, die mir hier zuteil wird, lässt meine Fragen verblassen. Ich erlebe ganz konkret, dass dies nicht das Entscheidende ist. Entscheidend sind vielmehr die Zusagen Jesu und sein liebender Blick, der mich in meinem ganzen Menschsein meint. Mir kommt eine Ahnung davon, wie es ist, angekommen zu sein. Endlich bei dem zu sein, nach dem meine Seele sich seit so langer Zeit sehnte.

Wertimagination 2

Dass unser Gottesbild von dem mitbestimmt wird, wie unser Leben im Kindes- und Jugendalter verlaufen ist, zeigt eindrucksvoll die nächste Imagination. Zugleich zeigt sie die heilenden Kräfte, die von spirituellen Bildern ausgehen. Und schließlich verdeutlicht sie, dass, wo immer dieses berühmte Licht leuchtet, Gemeinschaft unter Menschen entsteht.

Ein lebendiger Christus steigt aus einer auf einem Sockel stehenden großen Christusgestalt heraus *(Verlebendigung der Beziehung zu Christus),* kommt herunter zu mir auf meine Ebene und sagt: »Ich bin gekommen, um euch daran zu erinnern, dass wir alle Gottes Kinder sind – ihr auch.« In mir entsteht eine große Liebe, Vertrautheit und Verbundenheit mit ihm wie zu einem Bruder. Gleichzeitig geht von ihm eine große Macht, Liebe und ein ganz besonderes Licht/Leuchten aus.

Er führt mich und andere in einen dunklen Wald *(Symbol für das Unbewusste).* Ich werde »abgesetzt«, wie ich in meiner Kindheit von meinem Vater abgesetzt wurde. Dann ist er weg, und ich sitze im

Dunklen. Angst, Einsamkeit, Verlorenheit. Irgendwann mache ich mich wie die anderen auf die Suche nach ihm. Und ganz plötzlich steht er hell und strahlend auf einer Lichtung (wie der Lichter-Weihnachtsbaum bei der Christbaumsuche früher im Internat). In mir ist Glück-Seligkeit, alles ist gut.

Eine weitere Szene: Ich sitze im Kreis mit anderen in der Wüste *(hier Symbol für den Herrschaftsbereich Gottes).* Christus ist bei uns. Es ist warm, hell, vertraut, ein Feuer brennt in der Mitte. Von ihm strahlt wieder dieses ganz besondere Licht aus: warm, voller Liebe und von innen heraus leuchtend. Plötzlich ist er wieder weg. Große Aufregung und Verwirrung bei allen. Wir rennen und suchen hektisch und orientierungslos, aber er bleibt verschwunden. Resigniert kehren wir nach langer und erfolgloser Suche ans Feuer zurück, setzen uns traurig hin und denken an ihn. Wo ist er nur?

Da erstrahlt erst bei einem, dann bei immer mehr Menschen sein besonderes Licht aus deren Herzgegend, als sei er »in klein« da drinnen und strahle heraus. Die kleinen Lichter verbinden sich wie zu einem Netzwerk und stärken sich gegenseitig. Große Freude und Verbundenheit entsteht untereinander! Wir fangen an zu »experimentieren«, wie wir das Licht erkennen, wenn sich jemand umdreht; bis auf welche Entfernung wir es erkennen können und so weiter. Wir gebärden uns wie Kinder mit ihrem Entdeckerdrang und ihrer Neugier.

Dann stehen wir im Kreis, reichen uns die Hände, um uns miteinander zu verbinden. Schließlich geht jeder in eine andere Richtung in die Welt. Ich gehe wieder in die dunkle Zuflucht vom letzten Mal[20] und hocke mich wieder zwischen die aschgrauen, apathischen, ausgehöhlten Menschen. Diesmal komme ich jedoch nicht richtig in Kontakt mit ihnen, kann energetisch nicht tief genug absinken. Denn mir wird das besondere Licht, das ich in mir trage, bewusst, das Christusleuchten. Ich schäme mich fast, so privilegiert zu sein, habe gleichzeitig Angst, dadurch zum Außenseiter zu werden.

Doch da erkenne ich auch an diesem dunklen Ort zunächst nur in wenigen anderen dasselbe Leuchten von innen. Es entsteht ein Netzwerk aus Licht, das sich gegenseitig verstärkt. Die anderen dunklen Menschen sehen es und heben den Kopf. Einige lächeln und finden das Licht auch in sich, andere senken den Kopf. Es bleibt jedem Einzelnen überlassen, wie er sich entscheidet. Insgesamt aber breitet sich das Leuchten in immer mehr Menschen aus.

Was löst diese Imagination in mir aus?

Ich halte im realen Leben nach diesem ganz besonderen Leuchten Ausschau und sehe es für Momente in anderen Menschen aufflackern. Ich kann es jetzt besser erkennen, wenn es auftaucht, auch wenn es immer nur kurz zu erkennen ist und dann wieder verschwindet. Das will ich üben mit der kindlichen Freude, die wir in der Wertimagination beim Experimentieren auch hatten.

Wertimagination 3

Die folgende Imagination erzählte ein junger Mann. Bewegend finde ich seine Sicht, dass sich ihm Jesus als Herr *aller* Zeiten und damit als Herr der Geschichte darstellt. Beeindruckend auch die Radikalität, in der ihm seine innere Welt zeigt, dass unser Leben davon abhängt – davon war gerade eben die Rede –, ob wir uns diesem »Herrn aller Zeiten« anvertrauen oder nicht, ob wir zu lieben bereit sind oder nicht.

Ich sehe eine Jesusgestalt in der Mitte einer wunderschönen Landschaft. Durch diese Landschaft fließt Licht in die ganze Welt, das offensichtlich von ihm ausgeht (Jesus der Vergangenheit). Viele Menschen stehen um ihn herum. Manche sind ihm zugewandt, sodass sein Licht auf sie fällt. Sie leben in seiner Liebe. Andere wenden sich von ihm ab. Teile von ihnen liegen im Schatten.

Dann zeigt sich mir ein sehr langer und breiter Sandweg, auf dem alle Menschen dem Horizont, an dem zwei riesige Tore erkennbar werden, entgegengehen. Mitten auf diesem Weg zu den Toren steht wieder Jesus (der Gegenwärtige). Alle müssen oder dürfen an ihm vorübergehen. Keiner kann so leben, als stünde diese Gestalt nicht dort: Ich sehe ihn – oder ich sehe weg.

Da geschieht etwas Seltsames: Von dem Jesus der Vergangenheit, dessen Licht von der wunderschönen Landschaft in die ganze Welt strahlt, fällt nun Licht auf den gegenwärtigen Jesus, der mitten auf unserem Weg steht und unsere Rücken wärmt. Zugleich fällt Licht aus dem linken Tor am Horizont. Als ich dort hinsehe, erkenne ich, dass er auch dort bereits ist (der zukünftige Jesus).

Mir ist klar: Die beiden Tore sind die beiden Möglichkeiten für die Zukunft der Menschen. Wir leben in der Liebe oder nicht. Das rechte Tor ist dunkel. Alle, die nicht geliebt haben, gehen gesenkten Hauptes in den Schatten dieses Tores, an dessen Eingang Sängerinnen und Sänger stehen und Klagelieder singen. Doch diese Menschen sind so stumpf, dass sie nicht einmal die Traurigkeit in den Liedern hören können.

Das linke Tor führt zum Paradies. Menschen, die in diese Richtung gehen, sind überglücklich, für sich und miteinander. Sie leben in einer Natur, die so schön ist, dass mein Herz glüht und ich es kaum aushalten kann, nicht dort zu sein. In der Mitte dieses Paradieses steht Jesus und wartet auf uns.

Was löst diese Imagination in mir aus?

Das Gefühl, dass die Zukunft offen ist und dass ich gefragt bin, ob ich mich für die Liebe öffnen will oder nicht, hat mich in besonderer Weise bewegt. Wir sind durch das Licht, das von Jesus ausgeht, reich beschenkt, doch auch das schönste Geschenk kann man annehmen oder ablehnen.

Wertimagination 4

Wir kennen die Erzählerin bereits aus der Imagination auf S. 34. Sie ist die Suchende. Die Ernsthaftigkeit ihres Suchens wird in dieser Wertimagination besonders deutlich durch die Frage: »Wer bist DU?« Die Imaginandin schreibt diese Anrede (Gottes) in großen Lettern.

Bemerkenswert ist auch die Dramaturgie der Wertimagination. Die Annäherung an die göttliche Gestalt wird von Situation zu Situation dichter. Die gesamte Wanderung ist ein ergreifender Beleg für den Satz Augustins: »Wir würden Dich nicht suchen, wenn Du uns nicht schon gefunden hättest.«

Ich sehe den Eingang zu einem schmalen, weiß getünchten Gang. Ich gehe diesen Gang entlang. Rechts sind Nischen, kleinen Schreinen gleich, in denen Kerzen leuchten, links ist es dunkel. Am Ende des Ganges finde ich mich in einer sehr hellen Höhle wieder, die eher einer Lichtkugel gleicht. Ich stehe in deren Mitte.

Ich breite meine Arme weit aus und versuche, mich für das Licht zu öffnen. Mir kommt der Satz: »Mache dich auf, werde Licht.« Während ich dort stehe, frage ich zweimal: »Wer bist DU?« (Das ist eine sehr drängende Frage!), und erhalte zweimal dieselbe Antwort: »Ich bin das Licht!« Und gemeint ist das Licht, in dem ich stehe. Es bleibt mir rätselhaft. Ich bin mit der Antwort nicht ganz zufrieden, obwohl ich die Verheißung ahne, die in diesem Licht steckt.

Dann folge ich einer Lichtspur, einem schmalen goldenen Faden, der durch eine dunkle Landschaft führt. Ich sehe mich dabei hell leuchten und gehe unbeschwert weiter. Nach langer Zeit stehe ich in einer Berglandschaft auf einem Hügel vor einem großen Kreuz *(hier Symbol für die Vereinigung der Gegensätze Himmel und Erde),* das sehr hell strahlt und leuchtet. Mich erfasst ein Gefühl von stummer Ehrfurcht, Staunen und Überwältigtsein. In der Mitte des Kreuzes sehe ich helle, pulsierende Ringe im Rhythmus eines Herzschlags. Es ist faszinierend. Ich gehe durch die Mitte hindurch und spüre eine Energie, für die ich keine Worte finde.

Als ich auf der anderen Seite des Kreuzes bin, sehe ich eine in ein weißes Gewand gekleidete Gestalt stehen *(Weiß ist die Farbe des Lichts und der Reinheit),* die einerseits ein ganz und gar menschliches Antlitz hat, andererseits aber weit mehr ist. Diese Gestalt nimmt mich bei den Händen und schaut mich voller Güte und Liebe an. Sie strahlt Verständnis, Nachsicht und Tatkraft aus. Ich merke, wie sich ein großes Lächeln in mir ausbreitet. Als die Gestalt mir ihre Hände auf die Schultern legt, spüre ich: Ich soll mich nicht klein machen (auch nicht vor ihr niederknien). Da merke ich, wie ich mich aufrichte und mir Mut zuwächst. Lange bleibe ich dort.

Schließlich sehe ich noch einmal in die Umgebung hinein und bekomme richtig Lust, in die dunklen Täler hinunterzulaufen, damit es auch dort heller wird.

Was löst diese Imagination in mir aus?

Ein frohes Herz! Ich spüre das große Lächeln und habe dabei das Gefühl, mit mir selbst nachsichtiger sein zu können als bisher. Ich nehme eine helle Freude aus der Begegnung mit der Gestalt mit. (Ich scheue mich noch immer davor, sie Jesus zu nennen ...)

Wer ist Jesus Christus in Wertimaginationen?

Wen sehen die Imaginanden? Auffällig ist zunächst die Unsicherheit hinsichtlich des Namens. Einige sagen »Jesus«, andere »Christus«, wieder andere sprechen von der Christus- oder Jesusgestalt. Eines aber verbindet alle in der Begegnung mit dieser Gestalt: Sie sind zutiefst berührt, betroffen, überwältigt. Alle haben den Eindruck, es mit einer fremden, ungewöhnlichen, äußerst lebendigen Kraft zu tun zu haben, die alle üblichen Vorstellungen und Kategorien sprengt. Und das gilt auch – vielleicht sogar im Besonderen – für jene Imaginanden, deren Sozialisation alles andere als eine spirituelle war.

Wen also sehen die Imaginanden? Den *historischen* Jesus, also den, der vor 2000 Jahren in Israel gelebt hat? Oder ein *Bild* von Jesus, das sie gespeichert haben und zu dem sie über ihr Erinnerungsvermögen wieder Zugang bekommen? Oder den, der nichts anderes ist als ein *Wunschbild*? Oder den Christus als *Archetypus*, also als Urbild der Menschheitsgeschichte?

Oder sehen sie gar den von Gott *geoffenbarten* Christus, also den, der da ist, der da war und der da kommt?

Ob wir es tatsächlich mit dem historischen Jesus zu tun haben? Nein, denn längst hat die Leben-Jesu-Forschung frei von allem Zweifel herausgefunden, dass wir ihn so, wie er in der Realität war, niemals mehr erfahren werden.

Ob die Imaginanden ein Jesus-Bild aus einer früheren Zeit sehen, etwa eins aus der elterlichen Wohnung, zu dem sie eine besondere emotionale Beziehung entwickelten, ein

Bild, das, wie viele andere Erlebnisse und Ereignisse auch, in der Imagination wieder zum Vorschein kommt und sich wieder emotional auswirkt? Das wäre denkbar, nur – Erinnerungsbilder werden in aller Regel als solche erkannt. Sie können überraschen, aber sie überwältigen nicht.

Ob die Gestalt, wie sie in Wertimaginationen aufscheint, eine Projektion, ein Wunschbild ist, also ein Bild unserer Sehnsucht? Und wäre sie ein Wunschbild, so hielte ich es mit Jochen Klepper, der in seinen Tagebüchern »Unter dem Schatten deiner Flügel« notierte: »Wäre aber der Glaube nichts anderes als eine Projektion der menschlichen Seele – ich schwankte in all der Wirrnis nicht einen Augenblick, in welche Ordnung ich mich retten wollte. Denn in jener Projektion wäre plötzlich unvorstellbare Tiefe und Größe des Menschen gefunden.«[21] Eine solche Annahme schließe ich jedoch aus, weil in jeder dieser Imaginationen zentrale Bilder sichtbar werden, die den Imaginanden fremd und unbekannt sind und die sie sich weder einbilden noch wünschen. Wertimaginationen leben von ausgebildeten, nicht von eingebildeten Bildern.

Ob wir es mit dem Archetypus »Christus« zu tun haben? »Ob er (Jesus) der lebendige Christus und Logos war«, so C.G. Jung in seiner Arbeit über die Auferstehung, »wissen wir nicht. Es ist ohnehin gleichgültig (...), da das Bild des Gottmenschen in jedem von uns lebendig ist und in dem Menschen Jesus inkarniert (das heißt projiziert) wurde, um sichtbar in Erscheinung zu treten, damit die Leute ihn als ihren eigenen inneren homo (griech. *anthropos*), ihr Selbst, erkennen konnten.«[22]

Wer wie Jung von seinem wissenschaftlichen Standort aus nur die psychische, nicht aber die geistige Dimension gelten lässt, muss so reden. So aber reduziert er die Wirklichkeit auf eine, eben die psychische Dimension und damit das gesamte Christusgeschehen auf den »Christus in uns«, auf den Bereich bloßer Innerlichkeit. Und: Ist es wirklich gleichgültig, ob Jesus der Christus war und ist und sein wird? Ich höre den Aufschrei jener, für die Jesus Christus weit mehr bedeutet als ein innerpsychisches Bild (und sei es in einem Menschen noch so wirksam), sondern Grund, Halt und Ziel ihres Lebens und des Lebens überhaupt.

Ob wir es mit dem von Gott geoffenbarten Christus zu tun haben? Ich bin nicht so vermessen, dass ich diese Möglichkeit zu verneinen wagte. Doch sie zu bejahen, wäre nicht weniger kühn. Also: Wer ist die in Wertimaginationen Jesus oder Christus oder Jesus Christus genannte Gestalt? Ich meine dies:

- Zunächst einmal jene Gestalt, die den Imaginanden zutiefst bewegt, oft überwältigt.

- Wer ihr begegnet, erfährt eine bis dahin nie gekannte Güte, Freude und Hoffnung. Die Angst weicht. Sinn wird fühlbar.

- Was immer ein Mensch sich selbst oder anderen schuldig geblieben ist – dieser Christus verurteilt ihn nicht.

- Wer ihm begegnet, kommt nicht einmal auf die Idee, von einem »Bild« zu sprechen, denn er sieht eine vor ihm stehende Person, plastisch und unmittelbar. Er stellt auch nicht die eben genannten Fragen. Er erfährt die Macht des unbewussten Geistes, in dem andere Gesetze gelten als im Bereich des Verstandes.

- Während ich dieses Buch schreibe, fand meine Frau durch Zufall (durch Zufall?) im Internet einen nur wenige Minuten dauernden Film, der Kriegsszenen im März 1945 in

Stargard, Polen, zeigte. Er wurde kurz danach in Moskau ausgestrahlt. Der Film erschütterte mich zutiefst, denn er führte mich in die Tage, in denen zur selben Zeit mein Vater in Stargard oder in der Nähe der Stadt in einem Feuergefecht mit den Russen starb. Während ich den Film wieder und wieder sah, war ich meinem Vater und seinem damaligen Erleben unmittelbar nahe. Ich fühlte mich hineingenommen in sein Leben, in seine Zeit und deren grausame Handlungen.

Mir scheint, dass in Wertimaginationen zu biblischen Texten Ähnliches geschieht. Dass eine ähnliche Nähe zwischen dem, wovon sie erzählen, und dem Imaginanden erfahren werden kann. Weist nicht deshalb auch meine Begegnung mit dem Film, der mich in die letzte Lebenszeit meines Vaters führte, darauf hin, warum die von Jesus handelnden Texte, denen die Imaginanden wertimaginativ begegnen, so überwältigend wirken?

Jedenfalls scheint es mir manchmal, als sei es den Imaginanden möglich, über den von Lessing beklagten »garstigen Graben«, also den Zeitgraben zwischen dem Jahr 2008 und der Zeit des Nazareners, hinweg zu sehen, zu fühlen, zu sein, also die Vergangenheit mit ihren Gestalten wieder lebendig werden zu lassen, sie zu vergegenwärtigen. In seinem Buch »Die Urkraft des Heiligen« spricht Jörg Zink im Abschnitt über Erfahrungen an der Grenze zum Unerklärbaren von einer »Ebene der Wirklichkeit (...), auf der unsere Vorstellung von der Zeit und ihrem Ablauf nicht gilt, (...) auf der ›gleichzeitig‹ ist, was früher geschah und künftig geschehen wird«.[23] Und an anderer Stelle äußert er: »Die für mich und mein Leben wichtigen Vorgänge sind die, die in mir selbst und um mich her geschehen (...), in denen ich auch jener Urkraft und Urweisheit begegne, die ich ›Gott‹ nenne.«[24]

- Romano Guardini hat einmal gesagt: »Er (Christus), der als Gott alles in allem war, aber immer ›auf der anderen Seite der Grenze‹, in der ewigen Vorbehaltenheit, ist über die Grenze herübergekommen und war nun bei uns, mit uns.«[25] Kann es sein, dass auch der in Wertimaginationen sich zeigende Christus der ist, der »über die Grenze zu uns herüberkommt«?

- Eins ist gewiss: Jedem stehen die Zugänge zum unbewussten Geist offen, dem einen leichter, dem anderen schwerer, denn er ist das unverlierbar spezifisch Menschliche. Doch ob es auf diesem Wege zu einer Christusbegegnung kommt, ist und bleibt ein Geschenk, ist nie machbar. Das gilt selbstverständlich auch für die Imaginanden, die in keiner Weise darauf vorbereitet waren oder den Wunsch nach einer solchen Begegnung gehabt hätten.

- »Nötig ist die Unterscheidung der Geister«, wie sie Jörg Zink mit Blick auf die religiöse Erfahrung generell fordert: »Was nötig ist, ist ein Hinschauen. Ein Prüfen: Was sind da meine eigenen Wünsche und Bedürfnisse? Was spricht sich da in meiner eigenen Seele aus? Und was ist das, was mir da wirklich entgegenkommt? Was mich trifft? Was zu mir spricht? Nötig ist die Fähigkeit zu kritischem Unterscheiden. Danach aber wird uns, wenn uns eine Gnade widerfährt, deutlich sein: Was ich nun habe, ist nicht die Wahrheit. Wahrheit ist allein bei Gott. Was ich habe, ist ein Stück Wissen, ein Stück Weisheit (...).«[26] Vielleicht aber doch noch mehr: die Erfahrung, dass der Geist des Christus lebendige Wirklichkeit ist, die in üblichen Kategorien nun einmal nicht beschreibbar ist.

- Schließlich: Wer begonnen hat, in Imaginationen nicht nur den Wertgestalten, sondern auch der Christusgestalt zu begegnen, wird tiefer als bisher danach fragen, »was die Welt im Innersten zusammenhält« (J.W. Goethe). Er spürt Interesse, Wunsch oder gar Sehnsucht nach dem »ganz Anderen«, kommt in Berührung »mit anderen Welten, die uns erheben und aufrichten« (F.M. Dostojewskij). Wer das erfährt, überschreitet den engen Rahmen seines Bewusstseins, öffnet den Geist, weitet das Herz und fühlt sich als ganzer Mensch gestärkt. Er fürchtet auch nicht mehr den Tod.

Von der bedingungslosen Liebe Gottes

Wertimaginationen zu Lukas 15,11–24

Und weiter erzählte Jesus: Ein Mann hatte zwei Söhne. Eines Tages bat ihn der Jüngere: »Vater, gib mir das Teil deiner Güter, das mir zusteht.« Der teilte das Gut. Der Jüngere aber machte wenige Tage danach seinen Anteil zu Geld, packte alles zusammen und zog in ein fernes Land. Dort lebte er in Saus und Braus, bis sein Besitz aufgezehrt war.
Als er alles verbraucht hatte, kam eine schwere Hungersnot über jenes Land, und er geriet in Not. Da ging er zu einem Bürger des Landes und wurde sein Knecht. Der schickte ihn zum Schweinehüten auf seine Felder. Und er hätte gerne seinen Bauch gefüllt mit den Schoten, die die Schweine fraßen, aber niemand gab sie ihm. Da ging er in sich und überlegte: Mein Vater hat so viele Tagelöhner, die mehr Brot haben, als sie brauchen, und ich gehe im Hunger zugrunde. Ich will mich auf den Weg machen, zu meinem Vater gehen und ihm sagen: »Vater, ich habe Unrecht getan gegen Gott und gegen dich. Ich bin nicht mehr dein Sohn. Mach mich zu einem deiner Tagelöhner.« Und er brach auf und wanderte nach Hause zu seinem Vater. Als er noch fern war vom Haus, sah ihn sein Vater kommen. Es tat ihm weh, ihn so zu sehen, und er tat ihm leid. Er eilte ihm entgegen, fiel ihm um den Hals und küsste ihn.
Der Sohn fing an: »Vater, ich habe Unrecht getan gegen Gott und gegen dich. Ich bin nicht mehr dein Sohn.« Der Vater rief seine Knechte: »Schnell, bringt das beste Kleid und zieht es ihm an! Und holt einen Ring für seinen Finger und Schuhe für seine Füße! Bringt das gemästete Kalb und schlachtet es, und dann lasst uns essen und fröhlich sein. Denn der hier, mein Sohn, war tot und ist wieder lebendig. Wir hatten ihn verloren und haben ihn wieder gefunden.« Und sie fingen an, ein Fest zu feiern.

Lukas, der als Autor dieses Textes gilt, war ein griechisch sprechender Arzt aus Syrien. Sein Evangelium schrieb er um 80 n.Chr. in Griechenland.

Kaum ein biblischer Text hat die Menschen so bewegt wie dieser. Der Grund? Was da von diesem Vater, also von Gottes gütiger Einstellung zu uns Menschen, erzählt wird, sprengt jedes vernünftige Denken, sprengt jede Vorstellung. Was da erzählt wird, ist (fast) unglaublich. Doch wer diese unglaubliche Liebe zu glauben wagt, erfährt das Größte in seinem Leben.

Rembrandt hat ein großes Bild von der Begegnung zwischen dem gütigen Vater und seinem heimkehrenden Sohn gemalt. Als noch zu Sowjetzeiten Arbeiter dieses Bild in der Eremitage in St. Petersburg aufhängen sollten, waren sie so ergriffen, dass sie nicht anders konnten: Sie fielen vor ihm nieder. Nicht anders ergeht es manchen Imaginanden, wenn sie sich auf diesen Text ausrichten.

Wertimagination 1

Kann es sein, dass die folgende Wanderung ein Beispiel für die Möglichkeit ist, den »garstigen Graben« zwischen heute und der Zeit Jesu existenziell zu überbrücken?

Die Imaginandin erfühlt in aller Tiefe sowohl die Güte des Vaters seinem Sohn gegenüber als auch das Erleben des »verlorenen« Sohnes. Doch ebenso tief erfährt sie die Güte des Vaters, die *sie selbst* meint.

Die Imagination macht deutlich, dass das Gleichnis nicht von einer individuellen Vater-Sohn-Geschichte handelt, sondern von der Kernaussage der Evangelien überhaupt: von Gottes überwältigender Güte allen Menschen gegenüber.

Ich sehe eine Ansammlung von weiß getünchten, mit runden roten Ziegeln gedeckten Häusern. Zwischen den Häusern wächst üppiges Grün. Alles wirkt sehr gepflegt.

Eine einsame Gestalt kommt aus der Ferne langsam auf diese Häuser zu. Vor einem dieser Häuser steht der Vater und versucht, die sich ihm nähernde Gestalt zu erkennen. Da fühle ich ganz deutlich die Fassungslosigkeit und die Freude des Vaters, als er seinen Sohn erkannt hat. Er läuft ihm entgegen[27] und nimmt ihn in die Arme. Auch die Gefühle des Sohnes erlebe ich ganz unmittelbar: Schuldgefühle, nichts wert sein, Reue, Angst, wie er wohl aufgenommen werden mag.

Nun kniet der Sohn vor seinem Vater nieder, aber der Vater lässt das nicht zu und richtet ihn auf. Und wieder erlebe ich selbst, wie sich der Sohn durch die bedingungslose Liebe seines Vaters wertgeschätzt fühlt. Die beiden stehen in einem hellen Lichtkegel, der von oben auf sie fällt.

Dann bildet sich eine sehr lange, festlich gedeckte Tafel aus. Immer mehr festlich gedeckte Tafeln werden sichtbar. Sie verlaufen wie Strahlen aus einem Mittelpunkt im Halbkreis nach außen. Den Mittelpunkt bildet ein (noch) leerer Thron.

Am Ende der »Strahlen«, also außerhalb des Halbkreises, sehe ich viele zerlumpte Menschen. Sie nähern sich scheu und zögernd, obwohl gerade für sie die Tafeln gedeckt sind. Schließlich füllt sich der ganze Halbkreis, dessen warmes Licht alle umfängt. Nun wirken die Menschen befreit. Sie umarmen sich voller Freude. Und von der Mitte strömt unendlich viel Liebe.

Dort, wo der Thron stand, sehe ich jetzt eine Gestalt im weißen Gewand, die segnend die Arme über die Menge hält. Ich spüre ihre bedingungslose Liebe. Es ist Jesus.

Seinen rechten Arm streckt er nach hinten zu mir aus und holt mich in den hellen Halbkreis hinein. Da stehe ich ganz vorn und breite auch die Arme aus, um weitere »zerlumpte« Menschen willkommen zu heißen.

Was löst die Imagination in mir aus?

Beim Vorlesen des Textes durch den Leiter der Gruppe war ich zunächst enttäuscht – ein markanter biblischer Satz wäre mir lieber gewesen. Mir war nicht klar, was diese Geschichte mit mir zu tun hat.

In der Imagination erlebte ich dann unmittelbar die Gefühle des Vaters und des Sohnes aus dem Gleichnis. Das brachte mir den Text schon näher. Dann aber wurde ich direkt einbezogen und erfuhr, dass es um die bedingungslose Liebe des Vaters ging und wie sie auf mich (als sein Kind) und in mir wirkt. Das löste in mir große Freude aus und das Bedürfnis, diese Liebe weiterzuverbreiten.

Wertimagination 2

Die folgende Imagination überließ mir ein Mann, der die Dinge des Lebens in der Regel mit einem gewissen Abstand zu betrachten neigt. Was er hierbei erlebte, bewegte ihn sehr.

Die Imagination geht thematisch über den Text hinaus: Er bezieht den älteren Sohn mit ein und mit ihm die vielen, die das »unvernünftige«, weil »ungerechte« Verhalten des Vaters in keiner Weise gutheißen können. Diese »Gerechten« aber stehen im Dunklen! Gleichwohl lässt der Vater sich von deren Lieblosigkeit ebenso wenig beeindrucken wie von der Zerlumptheit seines heimgekehrten Sohnes.

Ich durchwandere eine mediterrane Landschaft, sehe viele Olivenhaine. Schließlich stoße ich auf ein prachtvolles Haus, von dessen breiter Eingangstür sich eine Treppe nach unten schwingt. Der Hausherr ist dort hinuntergeschritten. Vor ihm kniet sein Sohn, der das bunte Festgewand bereits angelegt hat. Der Vater hält den Sohn fest in seinen Armen und breitet seine Hände schützend über seinen Rücken. Er hat ein Gesicht wie Martin Buber – ein mächtiger ergrauter Bart, gütige Augen – und strahlt Würde und Weisheit aus.

Vor den beiden breitet sich ein Platz aus, der mit einzelnen Bäumen bewachsen ist. Im Hintergrund des Platzes stehen viele Menschen, der ältere Sohn und andere Personen – Arbeiter am Hofe –, mit vor der Brust verschränkten Armen und abweisenden Blicken, die auf den Vater und den heimgekehrten Sohn gerichtet sind. Während der Vater und der Sohn im Licht stehen, ist der freie Platz mit den verschiedenen Personen im Dunklen nur undeutlich, schemenhaft zu erkennen.

Da breitet der Vater seine Arme aus und umfasst mit seinen weiten, einladenden Händen, die trotz ihrer Größe keinesfalls erdrückend wirken, diesen Platz mit allen Menschen dort, umarmt auch jeden Einzelnen. Dann rückt die ganze Szenerie zusammen. Die Weite des Platzes schwindet, die Personen stehen dicht beieinander; ihre vor der Brust verschränkten Arme lösen sich, die Gesichter werden offen und freundlich.

Nun kommt Bewegung in die Gruppe. Es entwickelt sich ein Fest, ein Reigen, ein Tanz. Alles Statische und Starre schwindet. Alle tanzen mit oder bewegen sich im Reigen, auch der Vater mit dem heimgekehrten Sohn. Und das, was vorher im Dunkeln lag, wird jetzt – von oben her – in gleißende Helligkeit getaucht. Und es sind Treppen zu erkennen, die sich von oben in den Festraum hinabschwingen. Verschiedene Personen in hellen Gewändern (Wertgestalten?) schreiten die Treppe hinab, um sich am Fest zu beteiligen. Orgelmusik erklingt.

Was löst diese Imagination in mir aus?

Freude und Dankbarkeit. Aus einer schwierigen, statischen, eingefrorenen Situation und der ablehnenden Haltung der »Gerechten« hat sich Festfreude, Lebensfreude und Vitalität entwickelt. Alle feiern mit, denn die Außenstehenden sind der Einladung des Vaters gefolgt. Am Fest des gütigen Vaters (Reich Gottes?) nehmen alle teil. Es gibt keine bevorzugten und hinteren Ränge, keine Unterschiede zwischen Sündern und Gerechten. Die Festfreude umfasst alle in all ihren Unterschieden und Eigenheiten.

Wertimagination 3

Dass Berührung mit Armseligem nicht armselig macht, dass Reue Lebensgewinn bedeutet, dass gelingendes Leben niemals separiert, sondern immer mit anderen gemeinsam geschieht, zeigt diese Imagination. So könnte zum Beispiel jene Szene, in der der Vater den »verlorenen« Sohn mit allen anderen zusammenführt, ein Modell für eine von Versöhnung und Liebe lebende Kirche sein.

Ich sehe zunächst den Vater in seinem Haus. Viele Menschen leben bei ihm. Er geht umher und spricht mit den Einzelnen. Die Atmosphäre ist gelöst, denn alle leben in Frieden mit sich und miteinander. Trotzdem ist eine gewisse Spannung spürbar, so als fehle noch etwas.

Der Blick des Vaters gleitet aus dem Fenster. Da sieht er den verschollenen Sohn kommen. Die Augen des Vaters weiten sich, und er läuft ihm entgegen ... Die Umarmung der beiden dauert lange ... Des Vaters Gewand ist strahlend von Licht wie auch sein ganzes Wesen. Der Sohn dagegen ist schmutzig, grau und ausgezehrt von seiner langen Reise. Doch wird selbst in der innigen Umarmung der beiden das Gewand des Vaters nicht beschmutzt, sondern bleibt licht.

Die beiden sind im Haus angekommen. Sie sind sich so nah, dass der Sohn den Herzschlag des Vaters spüren kann. Die Luft atmet Frieden. Dann gehen sie und begrüßen die Umstehenden. Der Vater legt seinem Sohn und dem jeweiligen Gegenüber eine Hand auf die Schulter. Er sieht sie immer beide und verbindet sie. Gemeinsam tanzen sie in ihren farbenfrohen Gewändern durch das Haus.

Dann sitzen Vater und Sohn in der Mitte des Hauses. Der Sohn weint. Seine Tränen fallen auf das Gewand des Vaters, verwandeln sich in Perlen und werden zu Liedern des Dankes und Lobes.

Inzwischen sammeln sich draußen immer mehr Menschen, die sich tief gebeugt mit letzter Kraft zum Haus des Vaters schleppen. Und alle, die in diesem Hause fröhlich sind, eilen hinaus und holen die Kraftlosen herein.

Was löst diese Imagination in mir aus?

Vor Beginn der Wanderung bin ich gespannt, wie die so vertraute Geschichte sich nun zeigen wird und ob Neues sichtbar werden kann.

Die Dichte der Begegnung zwischen Vater und Sohn berührt mich besonders. Der Sohn, und *in ihm auch ich*, kommt am Herzen des Vaters an und wird umfangen von tiefer Freude und Frieden. Auch das Bild der sich verwandelnden Tränen beschreibt dies.

Es ist in mir eine Verbindung gewachsen zwischen einem eher allgemeinen Wissen um »den gütigen Vater« und der eigenen Erfahrung, dass jeder Mensch ganz persönlich gemeint ist. Ja, dass auch das Herz des Vaters unruhig ist, bis alle wieder in sein Haus zurückgekehrt sind.

Wertimagination 4

Wie unterschiedlich Menschen die Welt anschauen, zeigt eindrucksvoll das nächste Beispiel, in dem eine Frage in den Mittelpunkt rückt: Wie weit »dürfen« die Liebe Gottes und sein Verzeihen gehen? Müssen sie nicht vor den Tyrannen der Geschichte haltmachen – oder galten sie etwa auch ihnen? Was gilt, wird hier deutlich: Gott übersieht nicht das Destruktive, aber er sieht auf die »Essenz«, auf den »Götterfunken«, also auf das, was ihm gleich ist. Welch eine Befreiung für den, dem diese Ein-Sicht widerfährt.

Auch diese Wertimagination zeigt, dass sie von ausgebildeten, nicht von eingebildeten Symbolen lebt. Denn das, vom dem hier berichtet wird, gehört in keiner Weise in den Denkhorizont der Imaginandin.

Der Vater und sein Sohn stehen tief bewegt voreinander. Der Sohn ist erfüllt von Schuld, Scham und Angst, der Vater könnte ihn zur Strafe für seine Verfehlungen verjagen. In der Umarmung mit dem Vater erfährt er jedoch nur Güte, Erbarmen, Gnade und Vergebung. Die bedingungslose Liebe ist es, die das schwarze Herz des Sohnes verwandelt und ihm die Möglichkeit gibt, sich und sein Leben neu zu gestalten.

Diese Liebe wirkt auf mich wie ein Magnet, zieht mich an, lässt mich nicht los, ist mein Ziel. Ohne Eile mache auch ich mich auf den Weg zum gütigen Vater, in der Gewissheit, auch ich werde erwartet, auch ich finde Einlass in sein riesiges, goldenes Lichtherz *(Symbol für das Göttliche).* Tiefe Geborgenheit erfüllt mich, als ich in seinem Herzen meinen Platz einnehme.

Aus seinem Herzen heraus schaue ich nun auf die Welt, auf die vielen beladenen und schuldgebeugten Menschen. Alle, die das Herz anstreben, werden aufgenommen. Ohne Bewertung, ohne Verdammnis. Ich sehe Sünder, Fehlbare und Unfehlbare vor ihm stehen. Er nimmt nur die goldene Essenz der Menschen auf: das Geistig-Göttliche, den »Götterfunken«, der jedem Menschen innewohnt. All das irdisch Schwarze und Böse bleibt vor dem Herzen liegen und wird zu Staub.

Mein Empfinden von Frieden, Heimat und Glück wird jäh unterbrochen: Hitler steht vor dem Herzen, in heuchlerischer Demut. Meine Empörung ist so groß, dass ich aus Gottes Herz herausspringe, um mich dem Zerstörer entgegenzustellen. Betroffen über meine zornige

Handlungsweise halte ich inne. Darf ich richten, was der gütige Vater nicht richtet?

Seine stärkende, liebevolle Hand legt sich auf meine Schulter. Da kann ich spüren: Mein Zorn hat mit Verantwortung zu tun und ist eine menschliche Form der Liebe zum Leben, die der »Hölle auf Erden« Einhalt gebietet.

Da zerbröselt die feige Hitlergestalt vor meinen Augen. Die Hand des Vaters aber greift über mich hinweg, birgt auch die goldene Essenz des einstigen Tyrannen und bringt sie zurück zu ihrem Ursprungsort: zu seinem Herzen.

Was löst diese Imagination in mir aus?

Worte sind kaum zu finden, um die Bedeutung des Gefühls zu beschreiben, wie ich mich in seiner Liebe geborgen fühle, die über das Menschliche weit hinausführt: eine Liebe, die alles erlöst, die bedingungslos ist, die aber auch Herausforderung für meine Liebeswilligkeit bedeutet.

Die Aufgabe ist groß. Ich weiß, ich werde lebenslang eine Lernende bleiben, die versucht, das Ziel, die Liebe, nicht aus den Augen zu verlieren. Unterstützung werde ich finden, wenn ich meinen Standort im Herzen des gütigen Vaters einnehme.

Gott ist größer als unser Herz

Wertimaginationen zu 1 Johannes 3,20

> **Und wenn uns unser Herz verurteilt,**
> **ist Gott doch größer als unser Herz und erkennt alles.**

Welch ein Satz! Welche Möglichkeit zur Befreiung für die vielen, die dazu neigen, ständig mit Selbstvorwürfen durchs Leben zu gehen. Welch ein Hoffnungssatz, dass Gottes Maßstäbe andere sind als die der Menschen, dass Gott also großartiger ist als unser Herz und daher die Selbstanklagen vor ihm verstummen dürfen.

Ich möchte Ihnen die folgenden Worte nicht vorenthalten, die der große Tröster Romano Guardini gesagt hat: »Manchmal kann man etwas nicht ändern. So soll Er es wenigstens sehen. Manchmal kann man auch nicht in Ehrlichkeit bereuen. Aber sehen soll Er es – und dass wir es noch nicht bereuen können dazu!« Guardini fährt fort: »Alle Unzulänglichkeit und alles Schlimme mag sein. Es ist noch nicht tödlich, solange es sich vor Seine Augen stellt. Solange noch das Hintreten vor die Augen Gottes geschieht, ist das wie ein unzerstörbarer Punkt der Erneuerung. Alles ist möglich von Gott her. Aber alles ist in Gefahr, sobald einer dieses nicht mehr will.«[28]

Wertimagination 1

Dass die Sprache der inneren Welt eine Symbolsprache ist, zeigt der erste Teil der folgenden Erzählung am Beispiel der Selbstaggressivität. Und dass in jeder Wertimagination vom unbewussten Geist aus »Regie« geführt wird, zeigt in schöner Klarheit die gesamte innere Wanderung.

Ich sehe in einem Feld lauter Rosenknospen, die welken, bevor sie überhaupt zur Blüte gekommen sind. Ihre Stiele wirken gebogen, und ihre Dornen richten sie gegen sich selbst. Die einzelnen Teile der Rosen wirken unverbunden und werden durch Gitter an ihrem Wachstum gehindert. Die ganze Landschaft wirkt farblos und schwer.

Dann sehe ich Hände, die die Rosen pflegen und umsorgen. Die ganze Landschaft ist jetzt in helles, warmes Licht gehüllt. Es breitet sich immer weiter aus und atmet Stille und tiefes Verstehen. Die Knospen öffnen sich in großer Erleichterung und Freude.

Nun werden die Pflanzen zu Menschen. Ich sehe mich mitten unter ihnen. Ich stehe gebeugt, voller Scham über alles, was mir in meinem Leben ungenügend vorkommt, und bin mit Stricken, die an meinem Herzen verankert sind, festgehalten. Obwohl ich von diesem warmen Licht umgeben bin, sehe ich nur Dunkel.

Wieder kommen die Hände. Dieses Mal legen sie sich den gebeugten Menschen auf die Schultern. Aus der Mitte des Lichtes kommt nun eine Jesusgestalt auf mich zu, die mich in die Arme schließt und mir in tiefem Verständnis langsam zunickt. Dann legt Jesus eine »Leitung«, die alles, was mich gebunden hält, aufnimmt, sodass die Stricke des Herzens aufspringen.

Mein Blick ist jetzt nicht mehr auf die Selbstanklage gerichtet, denn in der Nähe Jesu fühle ich mich ganz bejaht und in aller Tiefe verstanden. Alles in mir ist durchwebt von göttlichem Licht.

Was löst diese Imagination in mir aus?

Solange ich auf meine Schuld und Fehler schaue und mich selbst dafür verurteile, fühle ich mich von Gott getrennt. In der Imagination wird mir dies gezeigt: Obwohl ich vom Licht umgeben bin – es stellt für mich die Liebe Gottes dar –, nehme ich doch nur (mein) Dunkel wahr. Mir wird bewusst, wie stark die Macht der Selbstanklage war und wie viel Lebenszeit ich damit verschwendet habe. Indem

Jesus mir nun sein tiefes Verstehen und seine wirkliche Annahme schenkt, wird mein Herz geöffnet für die Wahrheit, die über mich hinausgeht und in der ich doch ganz aufgehoben bin.

Wertimagination 2

»Und wenn uns unser Herz verurteilt, ist Gott doch größer als unser Herz und erkennt alles.« Mögen Sie diesen Satz noch einmal lesen? Fragen Sie sich, was er in Ihnen bewirkt. Dann lesen Sie bitte die folgende Wertimagination und fragen sich, was diese Erzählung in Ihnen auslöst. Was Sie lesen werden, stammt von einem Menschen, der im »bewussten« Leben nicht gerade zu Überschwänglichkeit neigt.

Bitte beachten Sie auch die vielen Details und deren mühelos nachvollziehbare Zusammenhänge. Beides, die Details und deren Zusammenhänge, sind wieder einmal ein Beleg für die innere Ordnung des unbewussten Geistes und dessen Andersartigkeit gegenüber dem bewussten. Gerade diese Andersartigkeit aber ergänzt den bewussten Geist um die Inhalte, die er sich selbst nicht aneignen kann.

Von zentraler Bedeutung finde ich wieder den Hinweis, dass das menschliche Fehlverhalten nicht verdrängt wird, der Blick des dem Menschen verbündeten Gottes jedoch auf die akzeptierte Person gerichtet ist.

Ich befinde mich in einem großen Gerichtsgebäude. Über endlose Treppen suche ich den Weg in den Gerichtssaal. Ich komme durch hohe Räume, über enge und steile Treppen, über Leitern, dann wieder durch Amtsstuben, in denen Gerichtsbeamte mit weißen Ellenbogenschonern über verstaubten Akten sitzen – mit hochgezogenen

Schultern –, ohne aufzublicken. Ein endlos erscheinender Weg durch fremde, kalte Amtsstuben. Schließlich betrete ich den großen Gerichtssaal, ein dunkles, hohes Gewölbe mit gotischen Fenstern und einem ansteigenden Gestühl mit vielen Plätzen. Eine Menge Menschen haben sich bereits eingefunden und blicken schweigend nach vorne. Keiner spricht. Sie scheinen nichts miteinander zu tun zu haben.

Ich nehme allein Platz auf einem kleinen Stuhl vor dem hohen Sitz des Richters – auf der Anklagebank. Jetzt tritt zunächst ein Richter ein, dann immer weitere, meine Ankläger, hochgewachsene hagere Gestalten in dunklen Gewändern, die unterschiedlichste Urteile über mich fällen, mit hohl und hart klingenden Stimmen. Die Gesichter sind konturlos, maskenhaft beziehungsweise nicht zu erkennen. Einige der Ankläger sind mir fremd und mir niemals begegnet, andere erinnern mich an Szenen der Kinder- und Jugendzeit, in einem erkenne ich einen beruflichen Mitarbeiter.

Die Anklagen sind hart, schroff und verletzend und nehmen kein Ende, Anklage reiht sich an Anklage. Und ich sinke immer mehr in mich zusammen.

Da betritt eine andere Person den Saal. Sie steht zunächst auf einer Kanzel, hoch über den Anklägern, und überragt alle. Stille erfüllt den Saal. Die Gestalt trägt ein helles Gewand und hat ein offenes Gesicht mit großen, Vertrauen erweckenden Augen. Mit klarer fester Stimme erweist sie sich als mein Verteidiger. Er widerlegt alle meine Ankläger, aber nicht durch Argumente, die die Anschuldigungen entkräften und als falsch entlarven könnten. Die Vorwürfe der Ankläger lässt er so stehen, und sicher sind diese Vorwürfe im Einzelnen auch richtig. Mein Verteidiger sagt lediglich: Ihr habt unrecht mit eurem Urteil, denn ich kenne diesen Menschen und habe ihn akzeptiert und angenommen. Er ist mein Freund und Vertrauter.

Dann öffnet sich die Kanzel und mein Verteidiger kommt zu mir herunter, nicht über eine Treppe, sondern mir entgegenstrebend. Er kommt auf mich zu in der Gestalt des »gütigen Vaters« und reicht mir die Hand.

Da fühle ich mich nicht mehr klein, sondern stärker. Ich wachse, und die Ankläger, die vorher so groß und anklagend über mir standen, sind nun klein und unscheinbar geworden. Der gütige Verteidiger aber blickt mich ruhig an. Der Gerichtssaal sieht verwandelt aus: heller, niedriger, einladender.

Was löst diese Imagination in mir aus?

Nicht die Ankläger behalten das letzte Wort. Ich fühle mich erlöst durch die Zusage meines Verteidigers. Das, was ich getan habe, bleibt, und dennoch steht mein Verteidiger in seiner Zusage zu mir und sagt Ja zu mir. Die Fesseln der Schuld fallen und ein Gefühl von Annahme und Freiheit, von Weite statt Enge, von Wärme und Geborgenheit breitet sich aus.

Wertimagination 3

Das Folgende erzählte eine Frau, die noch vor geraumer Zeit allem Spirituellen distanziert gegenüberstand, diese Aversion jedoch durch eine Reihe von Wertimaginationen, die keineswegs auf Spiritualität ausgerichtet waren, mehr und mehr aufgab. Die Strahlen, von denen hier die Rede ist, waren ihrer Auffassung nach Gottesstrahlen. Anfangs jedoch spiegelt die Landschaft, durch die sie wandert, ihre bedrückende Lebenssituation wider.

»Eine Kraft zieht und schiebt mich«, sagt die Imaginandin. Daran mag deutlich werden, dass die Beziehung eines Menschen zu Gott keineswegs immer nur von seiner Verantwortung oder seiner Initiative abhängt.

Die Landschaft, in der ich mich befinde, ist unwirtlich. Es ist eine karge, flache Gegend, voll Gestrüpp, eingerahmt von dunklen Felsen. Es ist windig und düster.

Ich stehe an einer Wegkreuzung, von der ich nur die dunklen Wege nach vorn und nach rechts sehen kann. Ich habe den Eindruck, dass ich von meinen Gefühlen, von den Menschen von früher und damit von meinen Wurzeln abgeschnitten bin. Die Zukunft (vorn) und das Faktische (rechts) erscheinen düster.

Ich stehe an einem Pfahl und fühle mich wie am Pranger. Schwere Bleigewichte sind um meine Fesseln gebunden. Ich bin und fühle mich ganz klein und gebeugt, und um die Brust sitzt ein fester Eisenring. Ich fühle mich unfähig, ohne Antrieb, beschwert und ohne Perspektive. Der Körper schmerzt. Ich bin einsam, verlassen und trostlos.

Plötzlich gibt es einen kurzen Moment, in dem ich meinen Blick wegwenden kann von meinem Leid, einen Moment der minimalen Öffnung aus dieser verkapselten Situation, so groß wie ein Haarriss, doch groß genug, etwas Neues hindurchzulassen. Ich spüre einen Strahl von oben, der durch meine Wirbelsäule fährt und in die Erde geht. Dieser Strahl ist immer da! Der Strahl gibt eine große Wärme, ist Trost, Verstehen. Er ist sanft und gleichzeitig mahnend. Er ist aufrichtend, verwurzelnd und gleichzeitig frei machend. Ich kann mich mehr und mehr dafür öffnen und empfinde ihn als Geschenk.

Die Empfindung des Strahls und mein langsames Aufrichten sind wie ein Wechselspiel, in dem am Ende der Eisenring gesprengt wird. In mir breitet sich ein Gefühl der Leichtigkeit, Heiterkeit und Zuversicht aus, von Zartheit und Fülle, etwas ganz Einfaches. Ich spüre ein heiteres Herz und ganz tiefe Liebe. Strahlendes halte ich nun auch in meinen Händen.

Da bildet sich vor mir eine samtige Wolkenbrücke, die nach vorn und zu den Seiten unbegrenzt ist. Über diese Brücke muss ich gehen. Die vor mir liegende Landschaft ist hell. Eine Kraft zieht und schiebt mich. Es geht vorwärts in einem tiefen Liebesgefühl. »Verbunden!«, höre ich. Alles wird für mich sichtbar und fühlbar. Alles ist mit allem und allen verbunden.

Was löst diese Imagination in mir aus?

Das Gefühl, das bleibt, ist vor allem Trost, große Leichtigkeit und Zuversicht. Wenn ich aus der Enge meines eigenen Schuldgefühls heraus die Anbindung an eine liebende, übergeordnete Kraft, an Gott, zulasse, fühle ich mich im Leben verbunden.

Das Gesetz und die Güte

Wertimaginationen zu Johannes 8,2–11

> **Am frühen Morgen begab er (Jesus) sich wieder in den Tempel. Alles Volk kam zu ihm. Er setzte sich und lehrte es. Da brachten die Schriftgelehrten und Pharisäer eine Frau, die beim Ehebruch ertappt worden war. Sie stellten sie in die Mitte und sagten zu ihm: Meister, diese Frau wurde beim Ehebruch auf frischer Tat ertappt. Mose hat uns im Gesetz vorgeschrieben, solche Frauen zu steinigen. Nun, was sagst du?**
> **Mit dieser Frage wollten sie ihn auf die Probe stellen, um einen Grund zu haben, ihn zu verklagen. Jesus aber bückte sich und schrieb mit dem Finger auf die Erde. Als sie hartnäckig weiterfragten, richtete er sich auf und sagte zu ihnen: Wer von euch ohne Sünde ist, werfe als Erster einen Stein auf sie. Und er bückte sich wieder und schrieb auf die Erde.**
> **Als sie seine Antwort gehört hatten, ging einer nach dem anderen fort, zuerst die Ältesten. Jesus blieb allein zurück mit der Frau, die noch in der Mitte stand. Er richtete sich auf und sagte zu ihr: Frau, wo sind sie geblieben? Hat dich keiner verurteilt? Sie antwortete: Keiner, Herr. Da sagte Jesus zu ihr: Auch ich verurteile dich nicht. Geh und sündige von jetzt an nicht mehr.**

Ich liebe diese Erzählung. Ich habe sie schon viele Male gelesen. Sie tut mir gut. Sie zeigt mir eine Seite Gottes, die mich frei macht von der Angst vor seiner möglichen Strenge. Deshalb glaube ich: Will jemand wissen, was »wahre« Menschlichkeit und was Barmherzigkeit Gottes ist, so schaue er in diese Geschichte hinein.

Jesus lässt keineswegs alles durchgehen, denn er fordert die Frau auf, ihr Leben zu ändern. Aber er steht zu ihr, als der moralistische Pöbel sie umbringen will. Er ist frei von jedem Versuch, denen, die auch ihn umbringen wollen, kompromisslerisch entgegenzukommen. Doch er liefert sich ihnen nicht einfach aus. Deshalb ist sein Verhalten nicht nur sehr »menschlich«, sondern auch klug. Dies sind die Gedanken, die mir bei der gedanklichen Vergegenwärtigung des Textes kommen. Wer sich ihn aus dem »Souterrain« des Geistes vergegenwärtigt, erfährt gewiss noch mehr.

Wertimagination 1

Wieder einmal wird an der folgenden Erzählung ein Doppeltes deutlich: Eine Wertimagination zu einem biblischen Text gleitet nicht in ein freies Assoziieren ab. Im Gegenteil – der Text erschließt sich in seinem Kern und seinen Zusammenhängen tiefer als bisher. Zum anderen: Die Einzigartigkeit eines Menschen verlangt eine eigene Stellungnahme zu den wichtigen Dingen des Lebens, so auch zur biblischen Botschaft. Gerade die Bibel aber gehört zu der Literatur, über die sich viele Interpretationsnetze ausgebreitet haben, die den bewussten Zugang zu ihr behindern. Daher sind gerade die unbewusst-geistigen Zugänge eine Möglichkeit, zu persönlicher und existenzieller Aneignung der biblischen Worte zu gelangen.

Ich empfahl der Gruppe, mit der ich diese Imagination machte, die beiden Inneren Verbündeten einzubeziehen, um so die Gestalt Jesu tiefer als bisher erfahren zu können.

Zuerst sehe ich Jesus auf dem »Berg der Verklärung«, wo er die Stimme Gottes hört. Aus dieser Gottesbegegnung begibt er sich auf den Weg zum Tempel. Der neue Morgen bricht gerade an und damit die neue Zeit.

Jesus kommt als Erster in den Tempel. Die ersten Sonnenstrahlen scheinen warm und hell hinein. Er sitzt still und gesammelt in der Mitte. Allmählich strömen immer mehr Menschen herbei. Sie kommen in seine Nähe, wirken voller Erwartung und Freude. Er öffnet seine Arme und lädt sie ein, näher zu ihm zu kommen. Er schaut sie alle an. Ich schaue durch die Augen meiner Verbündeten auf die Gruppe und sehe das Licht, das von ihm ausgeht und sich im Kreis ausbreitet. Die Gesichter der Zuhörenden sind leicht gerötet. Ein warmer Glanz durchstrahlt sie.

Plötzlich kommen andere Menschen auf die Gruppe zu. Sie haben es eilig. Ich sehe ein Netz aus dunklen Fäden, das sich über dem Lichtkreis aufspannt und sich über die dort sitzende Menge legen will. Das Netz wird dichter, wenn die Gestalten sich anblicken: wütende, verbitterte Gesichter, die sich überlegen fühlen. Sie wirken grau und hart.

Da zieht Jesus auf dem Boden einen Kreis und schreibt die Worte »Liebe« und »Gemeinschaft« hinein. Daraufhin verdichtet sich das dunkle Netz. Er aber ist ganz wach, sodass sich die dunklen Fäden an ihm nicht festmachen können. Dann steht er auf, ganz selbstverständlich, und reißt mit gewaltiger Kraft das Netz in der Mitte entzwei, sodass die Fäden nur noch herabhängen.

Alle Anwesenden sind in Mark und Bein erschüttert, auch jene, die mit vor dem Körper verschränkten Armen dastanden. Nach und nach gehen sie, tief getroffen, davon.

Jetzt erst sehe ich die Frau in der Mitte liegen. Um sie herum sind Mauern aufgerichtet. Sie wirkt scheu. Ich sehe mich selbst in dieser Frau. Von Jesus aber geht starkes Licht aus, das durch die Mauern hindurchstrahlt, sodass eine weit geöffnete Tür entsteht. Die Frau schaut auf und sieht seinen Blick und fühlt sich in ihrer Sehnsucht nach Leben erkannt.

Von Jesus angezogen, bewegt sie sich zu ihm hin, kniet vor ihm nieder und weint lange. Er legt seine Hände auf ihren Kopf. Lange bleiben sie so, bis er sie aufrichtet. Sie ist zu neuem Leben erwacht.

Inzwischen ist das Dach des Tempels verschwunden und die Außenwände sind zu Torbögen geworden. Die Mittagssonne scheint herein. Immer mehr Menschen strömen herbei. Ein wunderschöner Gesang erklingt, und die Menschen tanzen.[29]

Was löst diese Imagination in mir aus?

Es ist sicher kein Zufall, dass am Beginn der Wertimagination Jesus auf dem »Berg der Verklärung« erscheint. Dadurch wird mir gezeigt, dass er seine Lebenskraft ganz aus der innigen Vertrautheit mit Gott schöpft und in dieser Liebe Gesetz und Prophetie vereinigt. Das steht als Vorzeichen über seiner Reaktion auf die gegen ihn vorgebrachte Anklage der Gesetzeslehrer. Mir wird auch deutlich, dass Jesus den Grund der Seele aller Menschen und ihre tiefe Sehnsucht nach gutem Leben kennt, die der »Gesetzestreuen« inbegriffen.

Wenn mir dieser Text zuvor begegnete, hatte ich immer den Eindruck, dass die Frau nur eine Randfigur war und ich mich fragte, wie die Begegnung zwischen Jesus und ihr außer den wenigen überlieferten Worten dieses Gesprächs gewesen sein mochte. Jetzt erfahre ich, dass er sie, und mit ihr mich, ganz an sich zieht und dadurch, dass er mich ansieht, mir ein neues Ansehen schenkt, sodass in mir ein immer tieferes Ja zum Leben zu entstehen beginnt.

Wertimagination 2

Ganz tief nimmt die Imaginandin auf, was die von ihr geschaute Jesusgestalt hört und empfindet. Die »Ehebrecherin« selbst ist kein Thema, wohl aber die assoziierte Erinnerung an die berühmte »Sünderin«, die Jesus kurz vor seinem Tod die Füße mit ihren Tränen benetzte und sie mit

Öl salbte (Lukas 7,36–50). Die »Sünderin« in der Imagination aber ist die Imaginandin selbst!

Die Nähe zu ihm und zugleich die Ein-Sicht in die Möglichkeit eigenen Versagens ist offenbar die Voraussetzung für ihren Auftrag: für Menschen so da zu sein und sie so zu verstehen, wie Jesus für sie da war, verstehend, nicht verurteilend. Wenn diese Haltung in Kirchen Schule machte!

Schon beim zweiten Hören (des verlesenen Textes) war mir, als stünde ich neben Jesus und hörte, wie er hörte. Ich spürte auch einen Schmerz, der von ihm ausging, Schmerz über das Unverständnis und die Blindheit der Menschen. Und ich sah, wie er fast resignativ auf die »Frommen« sah, die so sehr in Besserwisserei, Macht und Geltungsstreben verstrickt waren. Und doch liebte er sie, das sah ich auch. Während der ganzen Zeit war mein Verbündeter bei mir.

Dann begab ich mich zu Jesus, fiel vor ihm nieder und weinte und weinte. Meine Tränen benetzten seine Füße. Ich trug ein weißes Gewand und trocknete damit behutsam und zärtlich seine Füße.

Nach einer Zeit ging er mit mir zu einem Tor. Es war das Tor zur Ewigkeit. Ein unendlich friedvoller Strom von Licht und Klang und Gesang kam mir entgegen. Ich lehnte an diesem Torbogen und lauschte und sehnte mich hinein. Jesus stand mir gegenüber und sagte: Noch nicht!

Nach einiger Zeit ging ich wieder zu ihm, und ich begriff: In ihm war das Verstehen, in ihm war Erkennen. In ihm wurde alles wahr und klar und verständlich.

Nun spürte ich einen Auftrag: Hinzugehen zu den Menschen und den Einzelnen zu sagen: »Wir sind zur Freiheit berufen.« Und da geschah es: Einer nach dem anderen stand auf. Ihre Gesichter erhellten sich und strahlten. Einer rief es dem anderen zu: »Wir sind zur Freiheit berufen.« Es war wie ein laut schallender Ruf, der nach einiger Zeit zu einem Flüstern wurde, das schließlich in eine Stille einmündete.

Nach langer Zeit tief erlebter Gemeinschaft mit den anderen ging ich durch die Reihen hinaus in eine grüne Landschaft. Da stand mein Lebensbaum. Ich setzte mich nieder, lehnte mich an ihn und ruhte mich aus.

Was löst diese Imagination in mir aus?

Glück, sein zu dürfen. Freude über den klaren Auftrag, an dem ich lange gezweifelt hatte: für andere da zu sein und sie zu verstehen. Alle Angst, die ich vor Gott hatte, ist überwunden. Das ist für mich wunderbar und beglückend zugleich.

Wertimagination 3

In einer anderen als der biblischen Gruppe imaginierten wir den Satz von Rabbi Pinchas von Korez: »Lasst uns einander mehr lieben, dann wird uns weit sein.« Es scheint, als habe die Erzählung in Johannes 8,2–11 im Hintergrund der nun folgenden Wertimagination gewirkt. Sie ist mir besonders kostbar, weil sie die Bedingungslosigkeit der Liebe Gottes bildreich veranschaulicht.

Mit meinem Verbündeten (Christus) durchwandere ich die Vielfalt der Landschaften unserer Erde. Flora und Fauna stellen sich prächtig dar. Eine tiefe Liebe zur Schöpfung, in der auch ich meinen Platz habe, füllt mich aus.

Der Verbündete führt mich zu einem dicht stehenden Kreis von Menschen. Bedrohlich sehen sie aus, denn jeder hat einen großen Stein wurfbereit in seiner geballten Faust. In ihrer Mitte liegt ein »armer Sünder«. Blutend, halb totgeschlagen, von ihnen geächtet und gerichtet. Der Verbündete erhebt zornig seine Stimme: »Wer ohne Schuld ist, der werfe den ersten Stein.«

Da flammt Empörung gegen ihn auf. Die »Rechtschaffenen« fordern Sühne und Vergeltung für die begangenen Untaten und lassen mit ihren Vorwürfen gegen den »Sünder« in ihrer Mitte nicht ab, bis der Verbündete deren Wurfhände festhält. Nun werden Verbindungslinien zwischen den Herzen der Steinwerfer und dem Herzen des Sünders sichtbar. Der Verbündete zeigt auf die Vernetzung und sagt: »Verletzt ihr ihn, verletzt ihr euch, verletzt ihr auch mich und das, wofür ich stehe.« Mein Herz schmerzt heftig.

Die Menschenmenge ist noch immer aufgebracht. Sie zeigt auf all die Menschenverächter und Hasser, die Leben zerstören und das Gute bedrohen: »Wo bleibt die Gerechtigkeit, wo die Bestrafung des Bösen?« Sie fordern den Verbündeten auf, das Böse an den »Rand der Welt« zu führen und ins »schwarze Nichts« zu stoßen.

Da hebt der Verbündete den »Sünder« auf seine Arme, führt ihn heraus aus dem Kreis in die Wüste und fordert von ihm: »Übernimm die Verantwortung für dein Tun.« Der »Sünder« jedoch versucht, sich davonzuschleichen. Der Verbündete aber folgt ihm unnachgiebig und wiederholt mit ruhiger Strenge den Satz: »Übernimm die Verantwortung für dein Tun.« Es gibt für den »Sünder« kein Entkommen, er muss sich seiner Schuld stellen.

Dann zeigt der Verbündete auf sein eigenes Herz, und der »Sünder« erkennt, dass auch er dort trotz all seiner Schuld einen Platz hat: »Du bist nicht aus der Liebe gefallen. Meine Liebe sei dein Gewissen.« Daraufhin hat der »Sünder« den Mut, die Verantwortung für seine Taten zu übernehmen und dadurch das Böse in sich zu erlösen.

Wir gehen zurück zu den Wartenden. Der Verbündete führt alle Anwesenden an den »Rand der Welt«, an den Abgrund, wo der »Sünder« ins schwarze Nichts gestoßen werden sollte. Der Verbündete zeigt uns, wohin er gefallen wäre: »Wir fallen nicht tiefer als in Gottes Hand.« Dann wendet er sich an die scheinbar Rechtschaffenen und sagt: »Ihr aber habt gerichtet, was ihr nicht richten dürft.«

Nun weicht die Empörung der Beschämung und wandelt sich zu Einverständnis und innerem Frieden. Es ist ein überwältigendes Gefühl der Befreiung zur Liebe. Mein Herz hat aufgehört zu schmerzen.

Das Größte ist die Liebe

Wertimaginationen zu Matthäus 22,39

> **Du sollst deinen Nächsten lieben**
> **wie dich selbst.**

Es ist wichtig, den Text in seinem Zusammenhang zu kennen. Auf die Frage eines Gesetzeslehrers nach dem wichtigsten Gebot im Gesetz antwortet Jesus: »Du sollst den Herrn, deinen Gott, lieben mit deinem ganzen Herzen und mit deiner ganzen Seele und mit deiner ganzen Vernunft. Das ist das wichtigste und erste Gebot. Das zweite ist ihm gleich: Du sollst deinen Nächsten lieben wie dich selbst.«

Die Frage nach dem wichtigsten Gebot im Gesetz ist nach jüdischer Auffassung gleichzusetzen mit der Frage nach dem Wichtigsten im Leben überhaupt. Das für mich Überraschende an der Antwort Jesu nun ist seine Gleichsetzung der Liebe zu Gott mit der Liebe zum Nächsten. Im Alten Testament waren diese beiden Gebote getrennt. Für Jesus gehören sie zusammen und sind gleich wichtig.

Liebe ist für Jesus weit mehr als ein warmes Gefühl, ist vielmehr liebevolles Handeln! Das Wort »Gefühl« ist heute in aller Munde, und das ist gut so. Denn in einer Zeit, in der viele Mitmenschen unter der Gefühllosigkeit anderer leiden, ist es gut, wenn das Wort »Gefühl« die Erinnerung an die möglichen Gefühlskräfte wachhält. (Das Problem ist allerdings nicht »Gefühllosigkeit«, sondern der Mangel an Zugängen zu den Gefühlen.) Jedenfalls ist Liebe im Sinne Jesu »mehr« als das Wahrnehmen und Zeigen von Gefühlen, sondern existenzielles Antworten mit Leib, Seele und Geist auf das, was der Mitmensch braucht. Und das wiederum ist, ich sagte es, für ihn nicht weniger wichtig als die Liebe zu Gott.

Wertimagination 1

Wenn es um die Liebe geht, sind die Inneren Verbündeten die wichtigsten Begleiter.

Dass die Bedingung der Möglichkeit, andere und anderes zu erkennen und zu lieben, das Geliebtwerden ist, zeigt die folgende Erzählung. Sie macht darüber hinaus deutlich, dass das Geliebtwerden keineswegs an einen anderen Menschen gebunden ist, sondern auch in der eigenen Seele erfahren werden kann. Dass aber die Liebe zu anderen und zu uns selbst letztlich von den »zwei großen Händen« (Gottes) abhängig ist, deutet die letzte Szene an.

Diese Erfahrung wird von vielen anderen Wertimaginationen bestätigt.

Ich lasse diese Worte auf mich wirken und bin sehr berührt. Tränen steigen in mir auf. Der erste Teilsatz (»Liebe deinen Nächsten«) gehört zu den mir liebsten in der Bibel und spricht einen tiefen Wunsch von mir aus. Den zweiten Teil (»wie dich selbst«) habe ich bisher eher angehängt. Er erschien mir so selbstverständlich. Aber wie hat er seinen Platz in meinem Leben? Und der erste? Ist er mehr als frommes Wunschdenken?

Die Verbündeten kommen zu mir. Wir befinden uns in einem runden, hellen Raum mit klarer Luft. Ich stehe dort mit gesenktem Kopf. Da bemerke ich, wie zwei warme Hände aus Licht meinen Kopf sanft aufrichten. Ich höre die Worte: »Ich lebe und du wirst auch leben.«[30] Die Hände gehören der Jesusgestalt. Lange verweile ich und bin sehr getröstet.

Dann sehe ich in der Mitte des Raumes einen Kristall *(Symbol für Klarheit, Eindeutigkeit, Kraft),* aus dem Wasser in kreisenden Bewegungen strömt. Die Verbündeten legen mich dort hinein. Der Kristall wird zu einer Schaukelliege, und ich lasse zu, wie ich sacht hin und her gewiegt werde. Nach einer Weile setze ich mich auf. Weitere Wertgestalten kommen hinzu: mein Original, die Freien, die Liebenden und die Lebenskünstlerin. Nachdem ich alle begrüßt habe, bleiben die Verbündeten rechts und links neben mir stehen, die anderen stehen hinter mir. Mein Original legt meine Hände auf meine Körpermitte.

Ich sehe verschiedene Szenen aus meinem Leben, die Begegnungen mit anderen Menschen beinhalten. Die Wertgestalten stehen in einem dichten Kreis um mich herum und ich schaue durch ihre Augen auf diese früheren Begegnungen.[31]

Nach einigen konkreten Bildern sehe ich auch viele mir fremde Menschen, die ein Bild von sich selbst weit vor sich hertragen und immer versuchen, ihm nachzueilen, und es doch nicht erreichen. Ich sehe kleine »Irrwichte«, die das Bild immer wieder verändern, das Ziel höherstecken und die Menschen immer mehr von sich selbst und ihrer inneren Mitte entfremden. Diese nehmen die »Irrwichte« nicht wahr und sind nur mit dem Ideal von sich selbst befasst. Sie laufen und sehen doch nicht, weder sich noch andere.

Über allen sehe ich eine helle Wolke aus Licht. Die Umherirrenden sind jedoch kaum in der Lage, das wahrzunehmen. Einige wenige leuchten jetzt selbst hell und gehen gelassen ihres Weges. Sie wirken freundlich, ausgeglichen und mit sich versöhnt. Sie haben ihren eigenen »Raum« in sich und um sich herum und niemand kann in ihn eindringen.

Nun wenden sich die Wertgestalten um, und ich schaue durch ihre Augen auf mich selbst. Ich entdecke, dass alle ihre Hände um mein Herz gelegt haben, das hell leuchtet. Dann sehe ich den runden Raum, in dem wir stehen: Er wird von den mir schon bekannten zwei großen Händen getragen.

Was löst diese Imagination in mir aus?

Es wird mir klar vor Augen geführt, dass der Raum der Selbstliebe unmittelbar mit Jesus verbunden ist. Ich darf erfahren, dass ich mich selbst annehmen und lieben darf, weil er mir Ansehen und Liebe schenkt. Der Raum der Selbstliebe ist ein schöner Ort, der mich einlädt, darin zu verweilen. Von dort aus kann ich auf das konkrete Leben blicken.

Nun werde ich auch mit den Auswirkungen falscher Selbstbilder konfrontiert, die Menschen in die Irre führen. Auch darin erkenne ich einen Teil von mir wieder. Es bestürzt mich anzusehen, wie Menschen von ihrer eigenen Mitte weggerissen werden und dies ebenso wenig zu bemerken scheinen wie das Licht, das sie umgibt.

Das Ende der Wanderung zeigt, dass mein Herz hell und gesund ist, indem es von den guten Händen gehalten ist. Das stimmt mich hoffnungsfroh.

Wertimagination 2

Diese Imagination bedarf keiner Einleitung, denn sie beschreibt plastisch, was die Liebe fördert und was sie behindert. Sie ist eine konkrete Anweisung zu liebevollem Handeln.

Mein Innerer Verbündeter bringt mich zu einem Schneeberg, auf dem Kinder jauchzend vor Freude rodeln. Es geht um die gemeinsame, sich gegenseitig verstärkende jubelnde Liebe zum Nächsten, die sich aus sich selbst generiert und immer wieder gegenseitig entzündet und anfacht, sich gegenseitig bedingend und befeuernd in Jubel und Leichtigkeit.

Dann führt er mich weiter in ein altmodisches Städtchen mit Fachwerkhäusern, zeigt mir durchs Fenster einen Arzt, der sich vollkommen für seine Kranken aufopfert und am Ende zusammenbricht. »So nicht!«, sagt mir der Verbündete warnend.

Dann führt er mich auf eine Hochebene. Dort liegt ein Band, eine lange, dicke Kordel auf dem Boden (»das Band der Liebe«), die von einem anderen Band senkrecht gekreuzt wird. Die linke Seite ist das Gebiet: »andere lieben«, die rechte Seite das Gebiet: »mich selber lieben«.

Nun bedeutet er mir, mich genau in die Mitte zu stellen, einen Fuß auf der linken Seite, einen auf der rechten Seite. Meine Aufgabe ist, mit diesem »beides zugleich« oder »sowohl als auch« zu spielen, zu experimentieren und zu spüren, wie sich das anfühlt und wie das gehen kann.

Bei der vierten Station gibt mir Jesus seine Herzensflamme. Viele Menschen ziehen an mir vorbei und entzünden ihre eigene Herzensflamme an meiner. Von Zeit zu Zeit ist für mich Rückzug nötig, um ganz für mich zu sein. Wenn ich das nicht tue, wird meine Flamme immer schwächer und droht zu verlöschen Da wird mir noch mehr bewusst, wie kostbar diese besondere Flamme ist, und ich fürchte sehr, dass sie verlöschen könnte.

Mir wird erklärt, dass ich nichts zu befürchten habe, wenn ich während meiner Rückzugsphasen immer wieder zu Jesus Christus gehe und die Herzens-Verbindung mit ihm erneuere.

Was löst diese Imagination in mir aus?

Mir wurden in der Imagination vier unterschiedliche Aspekte gezeigt, die jeweils etwas anderes in mir ausgelöst haben:

Der erste Aspekt, der der jubelnden, von selbst entstehenden und sich gegenseitig beflügelnden Liebe, ist sicherlich die schönste und leichteste Art, seinen Nächsten zu lieben. Alle Menschen kennen sie aus dem ganz frühen Mutter-Kind-Verhältnis, wenn wir verliebt sind, aber auch in engen Freundschaften. Dies ist ein herrlicher

Aspekt der Nächstenliebe und für beide Seiten ein einziges Entzücken!

Der zweite Aspekt ist meines Erachtens eine Warnung vor einer falsch verstandenen Nächstenliebe, bei der der Betreffende sich selbst aufopfert. So soll der biblische Satz offenbar nicht verstanden werden! Ganz persönlich ist er für mich eine Warnung, da ich manchmal dazu neige, mich selbst und zum Beispiel die Bedürfnisse meines Körpers hintenanzustellen und mich zu stark für andere einzusetzen.

Im dritten Aspekt wird mir vor Augen geführt, dass es nur ein scheinbarer Widerspruch ist, sich selbst und andere gleichzeitig zu lieben. Dies ist vielmehr nicht nur gewünscht, sondern ich werde geradezu aufgefordert, damit zu experimentieren, wie sich das anfühlt. Das vermittelt mir den Eindruck, dass dies eine Dynamik ist, die immer wieder neu gefunden und erfunden werden muss und darf – der jeweiligen Situation und Person, mit der ich es gerade zu tun habe, angepasst. Sowohl mich selbst als auch den anderen lieben kann eben sehr verschiedene Erscheinungsformen haben. Wichtig ist, beide Seiten im Blick zu haben.

Bei der vierten Station werde ich ja geradezu zum Rückzug ermuntert, um in der Stille meine Beziehung zu Jesus Christus aufzufrischen und seine Herzensflamme in mir zu erneuern. Das ist insofern wichtig für mich, als ich dazu neige, mich zu sehr im aktiven Leben zu verausgaben. Dass dadurch seine Herzensflamme in mir schwächer werden könnte, weil ich der »Beziehungspflege« mit ihm keine Zeit mehr einräume, hat mich in der Imagination sehr erschreckt und macht mir auch jetzt bewusst, dass dieser Rückzug in die Stille immer wieder notwendig und sinnvoll ist und dass nicht nur menschliche Beziehungen »gepflegt« werden wollen, sondern auch die zu ihm.

Wertimagination 3

Die königlichen Gewänder, von denen gleich die Rede sein wird, sind kein Ausdruck von Hochmut. Sie symbolisieren vielmehr den souveränen Umgang der Imaginandin mit sich selbst. Und diese Wertschätzung der eigenen Person hat selbstverständlich die Wertschätzung auch anderer zur Folge. Die gesamte Wertimagination variiert das Thema: »Liebe deinen Nächsten wie dich selbst.«

Der Verbündete kommt mir entgegen. Er ist königlich gekleidet. Sein Blick ist warm und herzlich, aber auch klar und bestimmt. Von seinen Händen strömt Liebe und Wohlwollen zu mir herüber.

Die Verbündete kommt in königlichem Gewand von der linken Seite. Sie begegnet mir wohlwollend. Sie wirkt freundlich und offen, ihr Blick ist liebend. Ihre braunen Augen haben eine große Tiefe, in die ich hineinsinke.

Wir finden uns in einem Thronsaal wieder. Ich bin eine Königin und trage ein in seiner Schlichtheit sehr schönes samtenes, weinrotes Kleid. Ein goldenes Diadem ziert meinen Kopf. Die Verbündeten stehen links und rechts von mir. Noch andere Personen sind da, die offensichtlich zu meinem Hofstaat gehören. Eine große Würde erfüllt mich. Ich spüre eine tiefe Achtung und Wertschätzung, aber auch großen Respekt mir selbst gegenüber. Ich fühle ganz tief, wie kostbar und wertvoll ich bin!

Ich nehme neben meinem Hofstaat jetzt auch die anderen Personen im Raum wahr. Alle Anwesenden sind königlich gekleidet und tragen Kronen auf ihren Häuptern. Auch sie sind von Würde erfüllt wie ich! Ich empfinde, dass wir alle »Würdenträger« sind.

Dann hebt eine feierliche und lebensfrohe Musik an. Diese Musik ist wie ein Atem, der alles erfasst, uns alle im Raum und darüber hinaus. Ich erlebe ein tiefes Verbundensein mit allem, was lebt. Es ist ein Geben und Nehmen, das mich wie der Atem mit allem Lebenden ein Stück eins sein lässt.

Ich werde angewiesen, mich auf meinem Thronsessel niederzulassen. Es ist, als ob nun ein Teil aus mir herausschlüpfen würde. Dieser Teil von mir beginnt meine Füße zu küssen und meinen ganzen Leib liebevoll zu streicheln und zu liebkosen. Ich spüre, wie ich auf einmal nackt und durchsichtig werde. Es ist, als wäre ich zu einem lichten Schatten geworden.

Dann führen mich die Verbündeten zu einem See. Er ist ganz klar, wie ein Bergsee an einem schönen Sommertag. Die Verbündeten fordern mich auf, in diesen See hineinzublicken. Zunächst sehe ich meine eigenen Augen, dann nehme ich viele Augen wahr, die mich fragend anschauen. In diesem Augenblick wandelt sich der See zu einer Erdkugel und die Verbündeten umarmen mit mir den ganzen Erdball.

Was löst diese Imagination in mir aus?

Ich erlebe es als sehr hilfreich, am Morgen mich und die Menschen, die mir untertags begegnen werden, liebend in den Blick zu nehmen und mich unserer aller Würde zu vergewissern. Ich gehe dadurch vertrauensvoll, ruhig, aufrecht und gelassen in den Tag. Außerdem merke ich, dass ich mehr Mut habe, zu mir zu stehen, und »mein Licht nicht mehr so leicht unter den Scheffel stelle«.

Von der Vollendung des Lebens

Wertimagination zu Offenbarung 21,4

> **Und Gott wird abwischen alle Tränen von ihren Augen. Der Tod wird nicht mehr sein, keine Trauer, keine Klage, keine Mühsal. Denn was früher war, ist vergangen.**

Wertimagination

Vor Beginn der Imagination empfahl ich, sich von den Ahnenden – auch sie sind Wertgestalten – begleiten zu lassen.

Die nun folgende Imagination ist keine sehnsüchtige Wanderung zu den »Gestaden der Ewigkeit«. Sie bewegt sich vielmehr auf der Schnittstelle von diesseitigem und künftigem Leben. Daher geht es nicht um Weltflucht, sondern um die Vollendung des persönlichen Lebens und um die der Welt, denn im letzten Teil hört die Imaginandin die Aufforderung, Verantwortung für die Welt zu übernehmen, damit sie eine himmlische werde.

Die Ahnenden legen mich auf ein leeres Netz und ziehen mich zur Mitte eines ruhigen Sees. Das Wasser ist wohltuend warm und wir lassen uns eine Weile treiben. Wir gleiten von da aus in die Tiefe des Sees.

Ich sehe wunderschöne Fische und Pflanzen in dem türkisblauen Wasser, bis es immer dunkler wird und wir am Grund des Sees angekommen sind. Dort befindet sich ein tropfenförmiger, hölzerner Raum. Er heißt »Vorbereitung«.

Ich blicke auf mein Leben zurück und erfasse, dass ich alles Wichtige in mir trage. Das erfüllt mich mit Frieden, und ich stehe mit geöffneten Händen da. Die Ahnenden deuten mir nun an, mich niederzulegen.

Da sehe ich über mir ein zeitloses, weibliches Gesicht, von dem Güte und Versöhnung ausgehen. Mit geschlossenen Augen werde ich angesehen. Sie trägt einen Schleier. Als ich durch die Augen meiner hinzugerufenen Verbündeten dieses Gesicht anblicke, kommt die Gestalt ganz in diesen Raum hinein und wir reichen uns die Hände. Ich erkenne in ihr mein Original. Sie kommt mir ganz nah und wir gehen ganz ineinander auf.

Nun sehe ich Jesus, klar und leuchtend. Es wird ganz hell im Raum der Vorbereitung. Schwindel erfasst mich. Ich erkenne, dass ich mich in einem Lichttunnel befinde, in dem ich hinaufgetragen werde. Eine Stimme ruft mir zu: »Komm«. Dieses Wort gilt zweifellos nicht nur mir. Es hallt über die ganze Erde. Ich sehe, dass Menschen aus allen Himmelsrichtungen herbeiströmen. Dieses Wort hallt so lange wider, bis es jeder einzelne Mensch ganz persönlich hört.

Ich selbst komme an und werde im Arm gehalten, spüre Hände wie Samt auf meinem Gesicht. Dort bin ich ganz geborgen. Jeder Mensch, der dort ankommt, erlebt das Gleiche. Und obwohl es so viele sind, erfährt jeder gleichzeitig und doch ganz ungeteilt Liebe und Annahme. Ich verweile lange so.

Auf einmal höre ich die Frage Gottes in mir, was denn mit seiner ganzen Schöpfung sei, und sehe die gegenwärtigen Bedrohungen des Klimawandels. Daraufhin wird mir die Erdkugel mit immens aussehenden Schäden gezeigt, doch letztlich ist nur die Oberfläche der Erde betroffen, der Kern der Erde aber ist heil und unversehrt.

Ich sehe eine gewaltige schwarze Schlucht mit scharfen langen »Zähnen«, die sich in die Erde bohren und den ganzen Planeten mitsamt dem Erdkern verschlucken will. Gott jedoch weiß um alles und streckt behutsam seine Hände aus, um den Erdkern wieder ganz an sich zu ziehen.

Wir Menschen tragen Pflanzerde in unseren Händen, die ganz aus Licht besteht. Und dieselbe Hand, die vorher alle Menschen und den Erdkern umfangen hatte, legt nun jedem von uns ein Samenkorn in die Lichterde. Und Gott gibt uns zu verstehen, dass daraus die neue himmlische Erde wachsen wird.

Was löst diese Imagination in mir aus?

Diese Wanderung hat mich in all ihren Einzelheiten ganz besonders tief berührt. Hervorheben möchte ich zwei Dinge: Als ungeheuer befreiend empfinde ich es, dass ich im Moment des Sterbens innerlich ganz mit Leben angefüllt dastehe. Es geht jetzt um die letzte Vorbereitung. Die Kammer ist ein Raum der Begegnung mit dem, was ich im Letzten bin. Das zeigt sich mir in der Vereinigung mit meinem Original und der tiefen Begegnung mit Jesus und letztlich mit Gott. Im Umfangen- und Behütetsein in Gott ist keine Schuld und kein Versagen mehr. Es ersteht die Schöpfung neu und lichtvoll und wird so in Gott vollendet. Staunend und voller Ehrfurcht sehe ich auf das, was mir hier zuteil wurde.

Oft spüre ich seither bereits beim Aufwachen eine stille, unbändige Lebensfreude in mir. Mir scheint, als trüge ich diese Kammer in meinem Herzen und möchte das Gottesgeheimnis darin wahren und hüten.

Eigene Beobachtungen und Einschätzungen

- Zunächst einmal fiel mir auf, dass die Teilnehmer nach jeder Imagination überrascht waren angesichts der Weite und Tiefe ihrer inhaltsreichen Bilder, ja, dass selbst die der Bibel Fernstehenden über die Wirkungen der fremden Bilder staunten, mehr als das: dass sie engagiert nach Gott zu fragen begannen und sie eine frische Neugier auf weitere Erfahrungen entwickelten.

- Selten habe ich bei einer Gruppenarbeit ein Gemeinschaftsgefühl dieser Art erlebt. Das Besondere daran war nicht ein reger Austausch von Gedanken, sondern ein immer wieder sprachloses Miteinander-Staunen über das Erlebte.

- Kaum eine Wertimagination »verselbstständigte« sich. Fast alle Teilnehmer blieben thematisch auf die vorgegebenen Texte bezogen, so unterschiedlich auch die Ausgestaltungen waren. Gerade aber in den persönlich erlebten Begegnungen mit den Texten, im mündigen Umgang mit ihnen lag und liegt der besondere Wert dieser inneren Wanderungen. Weder nur der Text noch nur der Imaginand waren und sind für die Erfahrungen maßgebend, sondern beide in ihrer wechselseitigen Beziehung.

  Menschen unserer Zeit sind der dogmatischen Festschreibungen müde geworden. Doch in den biblisch orientierten Wertimaginationen finden sie die Möglichkeit, das zu erkennen und zu erfahren, was ihrer eigenen Seele entspricht.

- Mir selbst wird durch diese Arbeit immer klarer, wie großzügig und versöhnlich die großen Texte der Bibel mit uns sprechen, vor allem dann, wenn wir sie aus der »Tiefe« betrachten. Dann demonstrieren sie eindrucksvoll den für unsere Zeit so bedeutsamen Satz des französischen Philosophen Blaise Pascal, der Mensch sei (und bleibe) ein König, auch wenn sein Purpurmantel zerschlissen und verkommen sei. Seine Bestimmung bleibe ihm, wie immer er auch sein Leben verfehle.

  Diese Sicht des Menschen ist in Wertimaginationen zu biblischen Texten erfahrbar! So könnte der Geißel der Menschheit, dem Mangel an Gefühl für den Wert der eigenen Persönlichkeit, mehr als bisher der Boden entzogen werden.

- Ich beginne auch immer mehr zu begreifen, dass die Tiefen der Seele, deren Mitte der Geist ist, weit mehr als unser Verstand die entscheidende Tatsache des Lebens erkennen: dass diese Welt sich nicht selbst überlassen ist, dass wir gegen den Augenschein »von guten Mächten wunderbar geborgen sind« (D. Bonhoeffer) und dass diese Mächte einen Namen haben: Gott. Dass dieser Gott den Menschen nicht daraufhin ansieht, was er nicht ist, nicht hat, nicht kann, was er versäumt hat, worin er schuldig geworden oder gescheitert ist, sondern daraufhin, was er seinem ursprünglichen Wesen nach ist.

  Wer das erlebt, weiß sich akzeptiert, fühlt sich aufgerichtet, gewinnt den berühmten »aufrechten Gang«. Nicht nur das: Er beginnt zu lieben, sich, andere, das Leben. Er sieht die Welt anders als bisher, denn aus Selbstsicht wird Weltsicht.

  Und auch das geht mir mehr und mehr auf, dass dieser Gott uns weit näher ist als unser Verstand wissen kann, dass die Tiefen des Geistes – und zu ihnen haben wir Zugang! – über seherische Kräfte verfügen, die, sind wir erst einmal mit ihnen vertraut, auch unserem Verstand einleuchten.

- Dass der Tod nicht die absolute Grenze des Lebens ist, sondern die Brücke zu einer anderen Daseinsform, die das Leben des Menschen vollendet, zeigen nicht nur biblisch orientierte, sondern auch viele andere Wertimaginationen. Sie zeigen Bilder einer anderen Welt, in der sich der Mensch versöhnt, vollendet und angekommen erlebt, keine Bilder im Detail, sondern bildhafte Ausdrucksformen eines veränderten Lebensgefühls.

  Ist das nicht nur Wunschdenken? Nein! Denn das Innerste der Seele – ich sage es noch einmal – lebt von Ahnungen, welche die dem Verstand gesteckten Grenzen weit hinter sich lassen.

- Ich sehe in Wertimaginationen zu biblischen Texten – das ist mein Fazit – einen neuen Weg zur fühlbaren, existenziellen, gegenwärtigen Aneignung jener geistigen Juwelen, die vor langer Zeit geschrieben wurden und doch nichts von ihrer Aktualität verloren haben. Sie führen den Imaginanden einerseits zum damaligen geistigen »Sitz im Leben« der Texte, ganz anschaulich, plastisch und unmittelbar. Andererseits geben sie ihm die Möglichkeit, den Texten höchst persönlich und vor dem Horizont seiner Zeit zu begegnen, sodass sie ihn zu neuen Seinsweisen sowohl herauslocken als auch herausfordern.

  Darüber hinaus zeigt die Erfahrung, dass von Wertimaginationen generell, und von biblisch orientierten im Besonderen, für Menschen gleich welcher Lebensanschauung aus der Tiefe kommende Anstöße zur Veränderung ihres Lebens ausgehen können. Warum? Weil die Tiefen der Seele hell sind und bleiben, auch wenn der Lauf der Zeit obere Flächen verdunkelt hat. Der Grund für diese Behauptung ist nicht Kühnheit, sondern Empirie.

Zum Abschluss

Wertimagination zu einem Satz von Augustin

> **Du hast uns auf Dich hin geschaffen,**
> **und unser Herz ist unruhig, bis es Ruhe findet in Dir.**

Die folgende Wertimagination stellte mir eine ältere Frau zur Verfügung, die über viele Jahre mit inneren Bildern vertraut ist. Diese innere Wanderung – ich hatte die Anregung gegeben, sich von den Geistvollen begleiten zu lassen – stellt den Verlauf ihres ganzen Lebens dar, von der Geburt bis zum Tod und weit darüber hinaus. Die Imagination hinterließ in der Frau ein Gefühl größtmöglicher Identität und Angekommenseins. Die Bedeutung der »dunklen« Symbole war der Imaginandin voll bewusst:

Ein winziges Menschlein – ich erkenne mich selbst in ihm – liegt nackt und einsam in der Welt. Es wird von einer liebevollen Stimme gerufen: »Komm! Komm zu mir!« Das Baby lauscht und richtet sich ganz auf den sanften Klang aus. Seine kleine Faust umschließt ein goldenes Band, das wie ein Wegweiser zum Ursprung der Stimme führt.

Das Kind wächst heran. Mit traumwandlerischer Sicherheit wandert es an seiner goldenen Richtschnur entlang. Es ist ein fröhliches, waches und vertrauensvolles kleines Mädchen, bis unvermittelt schwarze Einflüsse seinen Weg kreuzen: Es strauchelt, verliert seinen Halt, droht an den Verstrickungen zu ersticken. In dem chaotischen Knäuel verliert es den goldenen Vlies und hört in dem Getöse auch die Stimme nicht mehr. Was Raum greift, sind Gefühle der Angst und Bedrohung über viele Jahre hinweg.

Erst der jungen Frau gelingt es, sich von den fremden Schlingen zu befreien. Doch sie steht betäubt und ratlos in der Welt wie ein Mensch, der alles verloren hat, ohne Sinn, ohne Ziel. Nicht einmal die Angst hat noch Raum in ihr.

Die Geistvollen – zwei männliche Engel ohne Flügel, ausgedehnt zwischen Himmel und Erde – tauchen auf, als die Verzweiflung ausweglos scheint.

Sie pflanzen einen »Sehnsuchtsbaum« in ihre Seele, dessen Wurzeln fest im goldenen Vlies verankert sind. Er wächst und wächst, wird stark und stärker, bis sie ihr goldenes Band wiederfindet, die Stimme wieder hört. Sie weiß, es ist der Ruf des Lebens nach ihr, und sie weiß auch, dass jetzt eine persönliche Entscheidung gefordert ist: »Will ich mich rufen lassen?« Es ist ein zähes Ringen, viele Widerstände sind zu überwinden, doch sie kommt zu einem »Ja«.

Da erscheint über ihrem Kopf das Dreieck mit dem göttlichen Auge. Es ist sichtbares Zeichen für ihr »Ja«. Das Zeichen ist für sie, für die, die »gehört« hat. Immer sicherer wird ihr Lebensweg, immer mehr wird es Gewissheit: Unter diesem Schutz kann sie eigenständig bis zu ihrem Lebensziel gehen.

Die Frau wird alt, und sie kommt zu ihrem Tempel. Sie kennt ihn schon lange, diesen guten Ort. Die Geistvollen und der Verbündete heben die lebensreife Frau auf den Altar.

Ich stehe jetzt dort und weiß, das ist der Ort der großen Wandlung. Noch einmal schaue ich zurück auf mein Leben und auf mein goldenes Band. Ich sage immer noch ein »Ja«.

Ich erblicke andere Menschen, die ihren Weg nicht allein gehen können, deren Lebensweg abbricht trotz ihrer Bejahung. Auch sie werden von ihren Geistvollen abgeholt und zu ihrem eigenen Ort der Wandlung geführt. Zwei Menschen sind mir bekannt und es ist mir ein großer Trost, dass sie nicht allein bleiben in ihrer Not.

Die Geistvollen drehen mich jetzt um und ich sehe: Das goldene Band setzt sich fort – jenseits des Altars. Es ist nicht mehr stofflich, es ist ein Fluss aus goldenem Licht. Mir wird meine körperliche Hülle mit großem Respekt und Behutsamkeit abgenommen. Ich brauche sie nicht mehr.

Der Ruf ertönt jetzt klar und laut: »Komm!« Und ich springe! Beschwingt wie eine Walzernote ströme ich in dem goldenen Strom meiner Bestimmung, meinem Ziel entgegen: dem Dreieck mit dem göttlichen Auge. Die Pupille öffnet sich zu einem goldenen Tor, und ich fließe ein in Gott, werde zu seinem Stoff – bin aus demselben Stoff.

Tiefster Frieden erfüllt mich. Es ist meine Rückkehr zum Ursprung. Es ist ein gewandeltes Sein, das mich erwartet. Ich sage »Ja« zu beiden Seins-Weisen.

Anmerkungen

1 Mentor nenne ich den Begleiter von Klienten, die Wertimaginationen im Rahmen der von mir entwickelten Wertorientierten Persönlichkeitsbildung erleben. Wertorientierte Persönlichkeitsbildung ist der »dritte Weg« neben Psychotherapie und Lebensberatung. Siehe dazu mein Buch: *Worauf es ankommt. Werte als Wegweiser*. München [3]2008, S. 19 ff.
2 Zahrnt 2002, S. 57 f.
3 Ebd.
4 Abgesehen von einem Buch, das ich bis zur Hälfte las und beiseitelegte.
5 Lutz Müller: *Suche nach dem Zauberwort. Identität und schöpferisches Leben*. Stuttgart 1986, S. 233 f.
6 Jörg Zink: *Auferstehung. Und am Ende ein Gehen ins Licht*. Stuttgart 1999, S. 145
7 Siehe dazu Punkt 2 in dieser Aufzählung.
8 Zum näheren Studium empfehle ich meine beiden Bücher: *Unsere Tiefe ist hell. Wertimagination – ein Schlüssel zur inneren Welt*. München 2005. Und: *Gottesleuchten. Begegnungen mit dem unbewussten Gott in unserer Seele*. München 2007
9 Das häufig in Wertimaginationen erlebte »Wissen« ist ein Evidenzgefühl.
10 Durch die Augen einer Wertgestalt zu schauen bedeutet, einen geistig-emotionalen Positionswechsel vorzunehmen, also mit anderen, nämlich wertorientierten Augen zu sehen und dadurch zu einer veränderten Wahrnehmung zu gelangen.
11 Augustin, zit. nach John Sanford: *Das Johannesevangelium: eine tiefenpsychologische Auslegung. Teil 1*. München 1997, S. 194
12 Imaginationen werden erzählt, nicht berichtet. Wer erzählt, lebt noch einmal in dem, was er erlebt hat.
13 Otto Betz, in: Dietrich Steinwede, *Nun soll es werden Frieden auf Erden*. Düsseldorf 1999, S. 78 f.: Engel »stehen nicht für sich selbst, sondern übernehmen Mittlerfunktionen ... (sie) sind Wesen des Übergangs, sie ›wohnen‹ im Grenzbereich zwischen Immanenz und Transzendenz«. Engel »sind Trostboten, Schlafhüter, Augenöffner; sie kommen als Traumkünder und Sichtbarmacher, als Hoffnungsstifter und Liebesboten ... Die Engel

künden uns, dass wir nicht in einer zugesperrten Welt leben, sie machen uns auf die Einfallstore aufmerksam ...«

14 Manfred Lurker: *Wörterbuch der Symbolik.* Stuttgart [5]1991, S. 434 f.: »Licht ist in seiner Hindeutung auf das Göttliche, das Immaterielle, das Gute und das Leben eines der religiösen Ursymbole der Menschheit.« Es ist die Kraftquelle des Lebens. Es ist aller wertimaginativen Erfahrung nach das Licht, das die Tiefe ausfüllt, nicht die Dunkelheit.

15 In allem, was ist, ist keimhaft das Gegenteil enthalten.

16 Die innere geistige Welt ist voller Musik.

17 Martin Buber übersetzt die Stelle anschaulich mit »Todesschattenschlucht«, in: *Das Buch der Preisungen.* Heidelberg [11]1998, S. 38

18 Wer die Mitte der Dinge findet, erkennt deren Wesen und Sinn.

19 Das Herz gilt seit frühester Zeit als Sitz der Seele und des Gefühls. Es ist, symbolisch gesehen, die Mitte des Menschen und der Welt. (Bemerkenswert ist, dass bei den alten Ägyptern »herzlos« so viel wie »verstandesarm« bedeutete.)

20 Siehe dazu die Wertimagination auf S. 39.

21 Klepper 1956, S. 261

22 Jung, Gesammelte Werke 18/2, S. 745

23 Zink 2003, S. 275 f.

24 Ebd., S. 370

25 Guardini 2006, S. 106

26 Zink 2007, S. 201

27 Eine für die Zeit Jesu ungewöhnliche Handlung, die das ungewöhnliche Handeln des Vaters unterstreicht.

28 Guardini, 2006, S. 14 f.

29 Viele Wertimaginationen enden mit Festen, Tanz und Gesang – ein sicherer Hinweis, dass Wichtiges geschehen ist.

30 Jesuswort, Johannes 14,19

31 Wer durch die Augen einer Wertgestalt sieht – und jede Wertgestalt symbolisiert einen eigenen Wert –, vollzieht einen geistig-emotionalen Positionswechsel.

Literatur

Otto Betz, in: Dietrich Steinwede: *Nun soll es werden Frieden auf Erden*. Düsseldorf 1999

Martin Buber: *Das Buch der Preisungen*. Heidelberg [11]1998

Romano Guardini: *Lesebuch der Lebensweisheit*. Ostfildern 2006

C.G. Jung: *Über die Auferstehung. Gesammelte Werke 18/2*. Düsseldorf o.J.

Jochen Klepper: *Unter dem Schatten deiner Flügel*. Stuttgart 1956

Manfred Lurker: *Wörterbuch der Symbolik*. Stuttgart [5]1991

Lutz Müller: *Suche nach dem Zauberwort. Identität und schöpferisches Leben*. Stuttgart 1986

John Sanford: *Das Johannesevangelium: eine tiefenpsychologische Auslegung. Teil 1*. München 1997

Heinz Zahrnt: *Glauben unter leerem Himmel*. München/Zürich 2002

Jörg Zink: *Auferstehung. Und am Ende ein Gehen ins Licht*. Stuttgart 1999

Ders.: *Christlicher Glaube im 21. Jahrhundert*. Stuttgart 2003

Ders.: *Ruf in die Freiheit. Entwurf einer zukunftsfähigen christlichen Ethik*. Gütersloh 2007

Auswahl der Literatur von Uwe Böschemeyer

Vom Typ zum Original. Die neun Gesichter der Seele und das eigene Gesicht. Ein Praxisbuch zum Enneagramm (Books on Demand)

Zu den Quellen des Lebens. Meditationen für den neuen Tag. Lahr 1995 (Nur noch im Hamburger Institut für Existenzanalyse und Logotherapie erhältlich.)

Neu beginnen! Konkrete Hilfen in Wende und Krisenzeiten. Lahr 1996 (Nur noch im Hamburger Institut für Existenzanalyse und Logotherapie erhältlich.)

Sich selbst bejahen. Hamburg 2002

Die Sprache der Träume. Hamburg 2002

Sinn für mein Leben finden. Hamburg 2002

Die Kraft deiner Gedanken. Hamburg 2002

Das Leben meint mich. Meditationen für den neuen Tag. Ein Jahrbuch. Hamburg 2004

Das Leben meint uns. 111 Ermutigungen für Paare. München 2005

Bei sich beginnen. 17 Wege zum Glück. Hamburg 2004 (mit M. Van Cappellen)

Unsere Tiefe ist hell. Wertimagination – ein Schlüssel zur inneren Welt. München 2005

Worauf es ankommt. Werte als Wegweiser. München 2006

Gottesleuchten. Begegnungen mit dem unbewussten Gott in unserer Seele. München 2007

Sag Ja und lebe! Meditationen für jeden Tag. Hamburg 2007

Hoffnungen und Chancen nach der Trennung. Hamburg 2008 (Books on Demand)

Gespräche der inneren Welt. Hamburg 2008 (Books on Demand)

Informationen zum Autor

Dr. Uwe Böschemeyer wurde 1939 geboren. Er studierte evangelische Theologie und widmete sich Studien in Philosophie und Psychologie. Seine Dissertation über die Sinnfrage in der Existenzanalyse und Logotherapie Frankls aus theologischer Sicht erschien 1977 als sein erstes Buch.

1975 erwarb er bei Prof. Viktor Frankl in Wien sein Zertifikat in Logotherapie und Existenzanalyse und wurde von ihm 1980 auch zur Lehre der existenzanalytischen Logotherapie autorisiert. 1982 gründete er das Hamburger Institut für Existenzanalyse und Logotherapie, 2006 die Akademie für Wertorientierte Persönlichkeitsbildung in Lüneburg. 2000 erhielt er das Europäische Zertifikat für Psychotherapie (ECP). 2006 wurde er zum Rektor der Europäischen Akademie für Wertorientierte Persönlichkeitsbildung in Salzburg ernannt, 2007 in die österreichische Psychotherapeutenliste aufgenommen.

Schwerpunkte seiner Arbeit sind die von ihm entwickelten Konzepte Wertimagination und Wertorientierte Persönlichkeitsbildung. Seit 1975 ist Uwe Böschemeyer wissenschaftlicher Mitarbeiter des Hamburger Abendblatts. Er publizierte zahlreiche Bücher und Aufsätze.

Weiterführende Informationen über Theorie und Praxis der Wertimagination erhalten Sie hier:

Hamburger Institut für Existenzanalyse und Logotherapie
Akademie für Wertorientierte Persönlichkeitsbildung
Barckhausenstraße 20
21335 Lüneburg
Telefon: 04131/40 38 44
Telefax: 04131/40 38 45
sekretariat@boeschemeyer.de
www.logotherapie-hamburg.de
www. wertorientierte-persoenlichkeitsbildung.de

Quellennachweis

Die angegebenen Bibelstellen folgen, zum Teil mit leichten Modifizierungen, folgenden Bibelübersetzungen:

Jesaja 9,1/Matthäus 22,39/Johannes 8,2–11/Offenbarung 21,4: Einheitsübersetzung der Heiligen Schrift © Katholische Bibelanstalt, Stuttgart 1980.

Psalm 23,4/Johannes 3,16/Johannes 8,12: Lutherbibel, revidierter Text 1984, durchgesehene Ausgabe in neuer Rechtschreibung, © 1999 Deutsche Bibelgesellschaft, Stuttgart.

Lukas 15,11–24: Das Neue Testament, übertragen von Jörg Zink © Kreuz-Verlag, Stuttgart 2000.

1 Joh 3,20: Freie Übersetzung, Quelle unbekannt.